下一站成功

靠山山倒，靠人人跑，靠自己最好

You have to believe in yourself. That's the secret of success.

燁子，憶雲——編著

努力勤奮，鹹魚翻身；成功滋味，黯然銷魂！

認識自己、培養自信、良好習慣、珍惜時間……
那些你知道是好事，但總是無法執行的種種觀念，
在還來得及的時候，讓它們成為你茁壯的肥料！

崧燁文

目錄

目錄

第四章　做心靈的主人，掌握自己的命運

目錄

第七章　培養受人歡迎的個性，贏得更多欣賞

目錄

序：成功屬於願意成功的人

從前，有一位虔誠的信徒在遇到水災後，爬到屋頂上避難。但是，洪水漸漸上漲，眼看就要淹到腳下了，信徒急忙祈求道：「仁慈的上帝啊！快來救救我吧！」

過了不久，就來了一艘獨木舟，舟上的那人要救信徒，信徒卻說：「我不要你來救，上帝會來救我的。」

於是，那人駕著獨木舟走了。可是大水還在繼續上漲，很快淹到了他的腰部。信徒十分著急，立即又向上帝發出祈求。

這時，又來了一艘小船，船上的人要救信徒到安全的地方，他又拒絕了，並且說：「我不喜歡這艘船，上帝會來救我的。」

那小船只好拋下信徒離開了。沒一會兒，水已經漲到了胸部，信徒繼續大聲地向上帝祈求著。

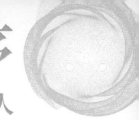

序

成功屬於願意成功的人

後來，又有一艘載滿了人的大船經過，船上的人要信徒趕快上船，信徒卻嫌船上太擁擠，想著上帝會來救自己。

可是，隨著洪水上漲，信徒已經無法支撐了。就在此時，一位牧師駕船趕來救起了他。得救後他卻向牧師抱怨說：「我對上帝如此虔誠，但上帝在我危難時卻不來救我。」

牧師深深地嘆了口氣，說：「你真是冤枉了上帝，上帝曾幾次化作船來救你，你卻嫌這嫌那，一次次地拒絕。看來你是與上帝無緣了。」

許多人看了這則故事，會付之一笑，接著拋諸腦後，很少有人會想一想自己是否也犯了與信徒一樣的錯誤。

信徒處在艱難的境況中，向上帝祈求，上帝也給了他改變命運的機會，他卻無動於衷，上帝也無可奈何。這就好像生活中的許多人，一心祈求成功，成功的機會就在身邊，他們卻像虔誠的信徒一樣視而不見，只知抱怨命運的不公。於是，無奈和嘆息淹沒了一切，許多年後，他們仍一無所有。

《聖經》說：「自助者，天助！」成功屬於願意成功的人。你不願意成功，誰拿你也沒辦法；你自己不行動，上帝也幫不了你。只有自己才是自己命運的主人，改變命運的機會就掌握在你的手裡：

成功，從認識自己開始

要想改變自己的命運，首先得認識自己，柏恩斯也說過：「啊！請賜給我們力量，好讓我們看清自己，如同別人看清我們。」

優秀品行，一生受用不盡的財富

優秀的品行是你事業發展的基礎。如果你擁有良好的職業道德，品行優秀、有良好的行為習慣；你自動自發、敬業、忠誠……你會因此而魅力無窮。

觀念制勝，成敗得失一念間

觀念是一種思想，是你無形之中的行事準則，有什麼樣的觀念，往往就決定了你的行動方向。要想成功，你就必須樹立自己正確的觀念，用正確的觀念指導一生。

做心靈的主人，掌握自己的命運

心態——情感波動的曲線。積極的心態，會使人每天如沐春風、鬥志昂揚；消極的心態，則會使人眉頭緊鎖、垂頭喪氣。做自己心靈的主人，讓快樂永遠相伴，你就能透過心靈掌握自己的命運。

養成良好習慣，成就美好事業

你反覆的行為便形成了習慣，而習慣又反過來塑造了你獨特的自我。一位哲人曾說：「種下一種行為，收獲一種習慣；種下一種習慣，收獲一種個性；種下一種個性，收獲一種命運。」好的習慣會使你內心湧動著一股奮發向上的力量，而這種力量會成就你人生的輝煌。

珍惜時間，使生命變得更有價值

歌德說：「絕不能讓最要緊的事受最不要緊的事的擺布。」你要讓自己具有珍惜時間的好習慣，因為，時間就是金錢，時間就是生命；勤奮工作是你通向成功的唯一途徑。

培養受人歡迎的個性，贏得更多欣賞

如果你擁有受人歡迎的個性，你就會像黑夜裡發光的螢火蟲，不僅會照亮自己，而且能贏得別人的欣賞——當人們欣賞一個人時，往往會用幫助的形式表示愛護——好運因此而降臨。

藐視困境，堅強地面對一切

人生之路到處充滿挫折與失敗，但不必畏懼，因為每一次的失敗都伴隨相同利益成功的種子。只要你勇於面對一切，經得起人生的考驗，必會得到豐厚的報酬。當你藐視困境之時，困境在你面前會令人奇怪地轟然倒地——這個過程猶如神助一般。

序

成功屬於願意成功的人

自助者，天助！只有自己幫助自己，自己不斷認識自己、提升自己、改變自己，如此才能改變自己的命運，成就一番偉大事業。

第一章　成功，從認識自己開始

也許人生最大的難題，就是「認識你自己」。

許多人談論某位企業家、某位世界冠軍、某位著名電影明星時，總是讚不絕口，可是一提到自己，便一聲長嘆：「我不是成才的料！」他們認為自己沒有出息，不會有出人頭地的機會，理由是：「生來比別人笨」、「沒有高級文憑」、「沒有好的運氣」、「缺乏可依賴的社會關係」、「沒有資金」等等。

嚴重的自卑感扼殺了一個人的聰明才智，另外，它還會形成惡性循環：由於自卑感嚴重，不敢做或者做起來縮手縮腳、沒有魄力，經受一點點挫折、打擊，就會悲觀、失望、苦惱、抱怨、徬徨，終日在唉聲嘆氣、無所作為中虛度光陰；別人會因此說你無能，別人的議論又會加重你的自卑。因此必須一開始就丟棄自卑，大膽地行動起來。

謙虛是一種美德，但是缺點往往是優點的過分延伸。過於謙虛，或者由於自卑而謙虛，都是不應該的。幾乎每一個成功者都是非常自信的人。自信可以使你精神振奮、勇於進取、戰勝困難。所以，必須積極尋找自我解脫之路，走出自卑的心理錯誤。

要想樹立自信、戰勝自卑，就必須正確地認識自己，堅信「天生我才必有用」，並盡力把自己的潛能發揮到極限，這是獲得成功的首要前提。

充分地認識自己

正確認識自己，發掘自己的潛力，這是獲得成功的一個重要心理素質。

作為一個正常的人，對自己做人的形象，從自己的身體外觀、品德和才能、優點和缺點、專長和不足、過去和現狀以至自己的價值與責任，總會有一定的認識。然而，自己對自己的這些認識是否符合自己的本來面目和實際情況，個人就會出現許多差異。有些人容易看到自己的優點和長處，而看不到自己的缺點和錯誤；有些人看到自己許多問題，但卻看不到自己的主要問題；也有些人看到自己的弱點和不足，卻看不到自己的一點長處。可見人對自己的認識，也和自己對客觀世界的認識一樣，需要有一個了解和學習的過程，並不像照鏡子那樣簡單。

另外，在日常生活中，我們也常處於各種不同評價與議論的包圍之中，有人會讚許你、稱頌你；有人會批評你、責備你；甚至還有人輕視你。那麼在各種議論中，究竟哪一個「你」是真實的呢？在投向你的形形色色目光中，你自己又能否準確無誤地分辨呢？你是否從這些評價和議論中汲取有益的營養豐富自己、改善自己了呢？還是喪失了自主精神，淹沒在他人的議論中呢？

客觀地、透明地、正確地認識自己至關重要，下面幾點建議可以幫助你正確認識自己。

孤獨地面對自己

許多人總是陷於無窮無盡的日常事務與人際關係中，無法自拔，這使得他們根本無暇去了解自己內心的需要，不知道這一切到底是不是自己內心的真實狀態。在紛繁複雜的高速運轉中，我們沒有時間也沒有機會給自己內心的真我一個表現的時間。那麼，你不妨給自己放個假，讓自己引退，孤獨地只有自己，沒有主管、沒有工作、沒有應酬，看看自己的狀態。這時候自己的表現，往往更能顯示真實的自己。

試著改變某些習慣

每個人都會在不知不覺中養成一些習慣，這些習慣說不定正是掩蓋你真實個性的罪魁禍首。例如你可能經常待在家裡看電視，以打發你的剩餘時間；你可能習慣於用打麻將的方法排遣孤獨；你可能鬱悶之時習慣把自己獨自關在家裡……這些習慣很多並不是你的最佳選擇，而僅僅是習慣。

如果你要發現你的個性，不妨打破這些習慣，發展更多的嗜好。衝破習慣的牢籠，你會發現另有一個我存在於自己的心中。這時發現的「一個完全不同的我」，可能更接近「真實的自己」。

不過分壓抑自己

人生不如意十之八九，生活在現代社會的人也一定有很多不如意的地方。在不如意的時候，不過分壓抑自己，有時可以幫助你發現自己的個性。

個性是需要發現與發展的，人本身具有非常豐富的個性基因，我們要盡可能地挖掘它、發展它、豐富它，使自己成為一個豐富多彩、魅力四射的人。

與自己良好對話

要真正了解自我，必須養成與自己「對話」的良好習慣。你需要每天抽出一點時間留給自己。當你一個人獨處時，你可以把自己此刻的感覺、感情、想法等在心中一一過濾，檢視一下自己的心態是否正確、是否平衡？如此，你就可以了解到自己真正在想些什麼？自己的性格傾向為何？怎樣做才會使自己心安理得？出現障礙時，最主要的原因是什麼？該如何待人處事等等。如果這些你都能做到，那你就是真正了解自己的人了。

透過別人充分了解自己

在這一步我們要做的是設法了解自己在別人心目中的形象。你可以向親人或較親近的朋友詢問你在他們心中的印象，聽聽他們對於自己各方面的看法。當然，對於別人的指責，我們應冷靜地予以接受。不過，只向親友討教，顯然是不夠的。所以，應盡可能地多掌握一些有關自己特性方面的認知，這樣準確性會高一些。

常常反省自己

伊比鳩魯曾經說過：「認識自己是拯救自己的第一步。」因為一個人要是從未認識到自己的缺點，他是不會有改正缺點的期望的。

不知你是否觀察過，銀行每天下班以後就會關起門來結帳。隔著玻璃門，我們可以清楚地看見，他們比上午還要忙碌。把當天的帳目弄得清清楚楚，不拖延，不馬虎，這是做生意的道理。

其實，做人的道理與做生意的道理也有相同之處。

有一個人，每天要接見很多賓客，或者要辦很多事情。晚上，他總是吹滅燈火，一個人獨自坐在書房反省自己：

今天使我敦品勵行的人是誰？

今天使我增加智慧的人是誰？

今天使我浪費光陰的人是誰？

今天使我貪圖享受的人是誰？

……

我們看出來了，這個人的意思是做人也要像做生意那樣，每天把帳目弄得清清楚楚。如果賺了，繼續努力；如果虧了，趕快尋找原因，免得一敗塗地。可惜，生活中我們許多人不肯自省，他們只是糊里糊塗地過日子，過一天算一天。

反省是一種心理活動的回饋，它把當局者變成一個旁觀者，自己把自己變成一個審視的對象，站在另外一個人的立場、角度來觀察自己、批評自己。

反省需要勇氣

拿起解剖刀毫不客氣地割掉思想上的「毒瘤」，拿起水龍頭常常洗刷行為上的「斑點」，只要對自己稍微有一點寬容之心，反省就會失去本色。

反省需要學識

只有從理論上、本質上認識錯誤，才能抵抗日後的誘惑。反省建立在扎實的認識、理解基礎上，才能達到真正自省的目的。

反省需要冷靜

反省，必須一個人以單獨的、冷靜的形式進行。例如，找一個能使你心胸開闊、心平氣和的地方，像海濱、幽谷、郊外，用一整天的時間，在那兒徜徉休憩，不要讀書，不要交談……大自然把你的積鬱洗淨，煩惱被幽靜帶走，便可以真正自省了。

反省需要客觀

一個人如果失去反省的能力，他就看不見自己的問題，更無法自救。人類是極自以為是的動物，假如一個人不常常反省自己、管理自己，便很容易把責任推給別人，犯自以為是的錯誤。「我是無辜的，一切都是別人造成的」，有時我們也許會有這種想法，但須知錯誤是由自己造成的，責任也應由自己承擔，一味地推託只能自己欺騙自己，在自以為是的泥淖中越陷越深。

反省可以改變一個人的命運，它在任何人身上都會發生極大的效用，因為反省所帶來的不只是智慧，更是夜以繼日精進的態度和前所未有的幹勁。

接納自己

許多人常愛自我煩惱，經常批評自己的缺點，造成自怨自艾，信心崩潰。這樣的人，面色凝滯無神，生活單調乏味。相反地，有些人不斷地發掘自己的優點，逐一把它實現出來，就像寶石專家不斷地切磋刮垢磨光，璀璨耀眼的寶石才顯出它的光彩。

人要生活在「現在我還有什麼」，而不要生活在「現在我沒有什麼」的心態裡。珍惜現有的並予以發揮，這是我們應具備最起碼的生活態度。

你做人最大的失敗，是失掉自己，沒有主見，沒有核心力量。你雖然有許多不足和缺點甚至錯誤，但你應該認識到你就是你自己，說你自己的話，做你自己的事，交你自己的朋友，這樣你會感到真實，別人也會覺得真實。

只要仔細想想，你一定可以找到許多優點，不妨將它們一一列出來，記錄下來，你會驚奇地發現，你自己擁有的優點竟然這麼多。

多年前，英國青年布萊恩兩條腿被火車碾斷了。喪失工作能力的他比一貧如洗的人還要貧窮，因為他缺少了兩條腿。然而，布萊恩卻靠著還剩下的優點——對登山的愛好，而讓自己重新站了起來。他裝上義肢，登遍瑞士境內的大山，勸募慈善基金。他永不服輸，攀登阿爾卑斯山的艾格峰，用他的義肢蹣跚而行，攀過峭壁，終於登上了艾格峰峰頂。布萊恩目前正從事推廣身障者戶外活動，造福身障者。

像布萊恩這樣的人，能朝氣蓬勃生活得多采多姿，把生命的意義發揮到極致，箇中原因是他喜歡自己，對自己所擁有的做了肯定。

我們必須了解，任何一位普通人，只要能引發他的信心，他便會積極進取。發覺自己優點的人，就有了滋潤信心的沃土。它引導一個人孜孜不倦地學習，他認為想辦的必能辦得到。

發揮並肯定自己的優點，依自己的本質去生活，就能發揮自己的潛能。一個能發揮專長的人，容易獲得成功，得到豐足感，產生更好的信心。

認識自己的優點是成功的關鍵。如果你常常把自己與同行、同類相比，自嘆不如，稱自己才智不及，嘆自己難以成事。這實在大可不必。

了解自己，從事最擅長的工作

生活中這樣的人並不少見，他們通常未能適當地發揮真正的才能，往往沒有將自己的才能在他們能做得最好的工作上發揮，而使自己的才能用錯了方向。這就是為什麼許多人本應獲得成功，而實際上卻碌碌無為的原因。這個道理，一樣適用於你的事業。

通常，在事業上成功的人，未必比常人更聰明，或更為精幹。他們的祕訣在於，他們在日常行事之際，能知道如何充分地發揮自己最大的智慧與才能。

一般來說，任何人必然在某些方面很優秀，在另外方面則平平，而有些方面甚至很貧乏。

如果撇開了你最擅長的工作不做，便等於拋棄了你擁有的最重要的競爭優勢。在別的工作上，即使你能努力克服弱點，最多也不過使你得到一個業餘專家的美稱。

在你所擅長的領域中力求專精，你必將更為誠實，更為快樂，而且更為安全且易於成功。對此，你則應注意以下幾點：

首先，你應該認清你真正的才能和極限，這就需要做自我心靈的探索，需要對你自己做一番誠實的評價，也需要經過某些試驗。

其次，你應該以你最擅長的方面為基礎，制訂一套全面的發展計劃。你應該從事一項你能做得比任何人都好的工作，切忌不停地改變你的專長，見異思遷；你應當牢記，你每作一次改變，都會有一些無法彌補的損失。

第三，你應該不斷學習，不斷擴充你的知識領域，提高你的工作技能、思想境界，不斷吸取新經驗。

第四，為獲致事業成功，你應該培養優秀品行。品行的力量是無窮的，它能讓你更富魅力，能讓你獲得更多欣賞、更多人緣，進而推動你事業的發展，獲得更大的成功。

第五，千萬不要忘了你的能力極限。當然，由於在某領域中成功所帶給你的信心，會使你感到一種誘惑，覺得可以冒險投身於新的領域中，在一定程度內而言，這是正常的，而且也是有利於發展自己的。但是，如果你因此而走得太遠，超過了你的基本能力，那你就將走向另一個極端。

了解自己，從事最擅長的工作，這是取得成功最好的方法之一，如此，你必能迅速改變自己的現況，自己拯救自己，塑造一個全新的自我。

成功，始於自覺自願

成功，始於自覺自願。

當一個人失去生活的目的和意義，萬念俱灰時，我們說「無可救藥」；當一個人動了念頭，勇往直前，哪怕上刀山下火海不達目的誓不罷休時，我們說「矢志不渝」。

自己的事自己做。始於心動，成於行動。

堅定的行動，必然源於深刻的認識與覺悟。

科學家做過一個有趣的實驗：

把跳蚤放在桌上，一拍桌子，跳蚤迅即跳起，跳起高度均在其身高的一百倍以上，堪稱世界上跳得最高的動物！然後在跳蚤頭上罩一個玻璃罩，再讓它跳，這一次跳蚤碰到了玻璃罩。連續多次後，跳蚤改變了起跳高度以適應環境，每次跳躍總保持在罩頂以下高度。接下來逐漸改變玻璃罩的高度，跳蚤都在碰壁後主動改變自己跳躍的高度。最後，玻璃罩接近桌面，這時跳蚤已無法再跳了。科學家於是把玻璃罩打開，再拍桌子，跳蚤仍然不會跳，變成「爬蚤」了。

跳蚤變成「爬蚤」，並非它已喪失了跳躍的能力，而是由於一次次受挫學乖了，習慣了，麻木了。最可悲之處就在於，實際上玻璃罩已經不存在，它卻連「再試一次」的勇氣都沒有。玻璃罩已經罩在了潛意識裡，罩在了心靈上。行動的慾望與潛能被自己扼殺！科學家把這種現象叫做「自我設限」。

許多人的遭遇與此極為相似。在成長的過程中，特別是幼年時代，遭受外界（包括家庭）太多的批評、打擊與挫折，於是奮發向上的熱情、慾望被「自我設限」壓制封殺，沒有得到及時的疏導與激勵。既對失敗惶恐不安，又對失敗習以為常，喪失了信心與勇氣，漸漸養成了懦弱、猶疑、狹隘、自卑、孤僻、害怕承擔責任、不思進取、不敢拚搏的精神面貌。

這樣的個性，在生活中最明顯的表現就是隨波逐流。

與生俱來的成功火種過早地熄滅了。

要解除「自我設限」，關鍵在自己。

西方諺語說得好：「上帝只拯救能夠自救的人」。成功屬於願意成功的人。成功要有明確的方向與目的，你不願意成功，誰拿你也沒辦法；你自己不行動，上帝也幫不了你。

自己是自己最大的敵人

許多時候，失敗不是因為沒有天時地利，也不是因為能力不濟，而是因為氣短心虛——自己成為自己成功的最大障礙。克服這些障礙，你就會離成功很近。自己造成的成功障礙往往有：

消極防禦

對待外來的訊息無法冷靜，無法以自己的心智靈活而有效地反應，而是以對抗、衝突或氣餒和逃避的消極防禦行為來反應。當受到別人批評時不能冷靜地去聽取和分析，而是立即辯解和反駁；不順心的時候就煩躁、不安，把自己消極的情感遷怒或發洩到他人或其它東西上；既不能友好地與人共處，又不能安然獨處，只要獨自一人時就感到孤獨、寂寞、不自在，而與人打交道的時候又感到緊張、不隨和、不協調；煩悶時不能尋找到調適心理的積極方式，而是一味地吸菸、酗酒；每當自己做錯事的時候，都為自己找藉口……所有這些表現都是遇事採取消極態度的不良自我心態，按照這種自我心態來生活，就會導致自我挫敗。

缺乏自重感

總覺得自己這也不是，那也不行，這方面太不符合心意，那方面也必須改變。對自己的身材、容貌不能自我接受，與人交談總是認為自己不好，時常在人面前感到緊張、害羞、尷尬，一味地順從他人，事情不成功總覺得自己笨，是自己的不是，自我責備，自我抱怨，自我嫌棄。

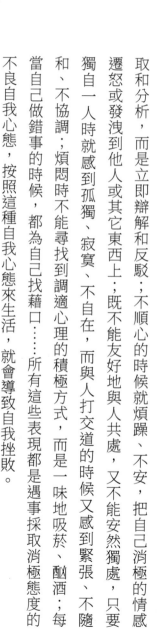

缺乏自信心

懼怕失敗，對自己缺乏自信心，懷疑自己的能力，遇事為自己製造心理緊張和壓力，常用心理負擔來阻礙心智與才能的表現。內心中的自我是一個可憐的、脆弱的、需要別人幫助的、自身沒有足夠勇氣和力量的弱小形象。

缺乏安全感

疑心太重，總覺得別人在背後指責和議論自己，對人們的各種行為充滿了疑慮和戒備心。容易嫉妒，對於別人超越自己的行為感到有威脅和不滿；唯恐自己的東西被人剝奪；有失落感。為此常表現出不安、緊張、自卑和攻擊等行為。

個性萎靡

打不起精神，對待任何事都難以激起興趣與熱情，對任何事都採取消極的態度；不願意與人交往，不喜歡社交活動，認為過多的交往不是浪費精神就是感到無聊。表現從眾傾向，大多數人怎麼做自己就怎麼做；自我退縮，時常做白日夢，特別是當受到挫折時，更經常從幻想中尋找寄託和安慰。遇事迴避，認為多一事不如少一事，對社會生活有負重感，體會不到其中樂趣。意志消沉，不思進取，做事虎頭蛇尾，難得讀完一本書和做完一件成功的事。不願在改變自己的生活或工作環境上做任何努力，時常以自我憐憫作為自我安撫的方式，認為自己這副潦倒頹廢、作風懶散的樣子是幹不了什麼大事的，在個性上表現出消極、萎靡的特徵。

虛假地表現自己

由於對自己缺乏信心，或是對自我心態模糊不清，常常不能真實地表現自己。由於無法接納存在自己身上的弱點和不足，不能容忍自己在別人眼裡顯得平淡無奇，也不知道怎樣才能從品格上和以人格尺度來發展自己、表現自己的魅力，因此常向別人表現一個虛假的自己，以贏得榮耀、自尊和自重、自我滿足的體驗。以奇特的衣著打扮引起別人的注意；在群體中扮演一個人人不喜歡，但人人也不討厭、沒有個性的角色。做每一件事的動機不是為了積極地發展自我，而是為了討人喜歡，受人讚許。對自己的長處或優點誇張地加以表現，對自己的短處或缺點竭力掩飾，不能客觀地對待自己。常製造謊言，說假話，消極地順應。為人表面隨和，實際上卻自我膨脹、自傲，看不見別人的優點，滿足於一點一滴的虛榮。

以上這些不僅使自己在內心對自己感到厭惡、不喜歡、不接納，為自己的社會生活帶來消極、沮喪、悲觀和失望，當然也會被別人所嫌棄和討厭。克服這些影響成功的自我阻礙，是幫助自己走向成功的首要前提。

戰勝自己，邁向積極人生

你是你自己最大的敵人，戰勝你自己，你就贏得了世界。而怎樣才能戰勝自己，邁向積極人生呢?美國著名的心理學家馬斯洛在研究歷史傑出人物的行為和人格關係後，為你擬定了以下幾個標準：

第一，他們與一些同樣自我實現的人有深交。

第二，他們喜歡有自己的天地，傾向於超然獨處。

第三，他們具有獨創性，比其他人更為振作和富有朝氣。

第四，他們也有不足之處，但他們勇於承認與改正。

第五，他們在與他人交往時有一種親人般的深厚感情。

第六，他們傾向於傳統的東西，能在本土文化中生活自如。

第七，他們閱歷豐富，不斷地強化任何來自外界的經驗。

第八，他們的行為明瞭自然，沒有絲毫做作或過分的表現。
第九，他們的自信心強，毫無猶豫地接受自我，承認自己的本性。
第十，他們通常比其他人較少衝動，傾向於嚴謹，喜歡深思。
第十一，他們能較好地認識現實，並能妥善地處理好自身與現實的關係。
第十二，他們具有深層意義上的民主意識，沒有人與人之間的差別意識。
第十三，他們有健全的道德，他們的幽默感真實而富有哲理，毫無敵意。
第十四，他們是按照表現自己特徵的規律而不是按照社會的規律來生活的。
第十五，他們對於自己置身的社會環境保持著相對獨立性，依靠自我發展。
第十六，他們的注意力都傾注在自己的事業上，關心人類和自然是永恆的主題。

以上這些標準其實就是所謂的「規則」，實踐起來一定困難，甚至需要付出一生的代價。但作為一種高層次、有價值的人生追求，它確實不失為一個重要的參考計劃。

學會自我管理

自我完善和自我實現，是一個非常艱難的過程，需要對自我的妥善管理和不懈的努力才能成功。但是，珍視自我和自信的人，從來就不畏艱難，而是勇敢地向自己設定的目標進軍。

識別自己的需要、機會或願望

要成功地促使自我朝向自我完善邁進，首要一點，就是要能識別自己的需要、機會和願望。在自我完善的過程開始之前，應將這些混雜在這一過程中的所有問題相互分開，並制定計劃，逐一攻克。一個人可以根據自己的需要、機會或整體目標發現問題，或制定自我完善的計劃。自我意識將會幫助自己發現自我完善的機會。如果一個人想改變的事情很多，就應將它們列出來，然後選擇一個最迫切的，而且是自己有信心解決的問題，作為這一過程的開始，在解決某一問題方面取得了成功之後，將會增強信心，去實現更為困難的變化。

尋找可能的解決方法或選擇

在一個人對機會做出應答，或開始實現某一改變時，可以先考慮一下各種能夠滿足自己需求的可能方法。有時候，解決問題的方法似乎很淺顯，但是透過自己的創造性思維，找到一種不尋常的答案，進而使得自我完善的過程變得輕而易舉，或充滿效益，這可能會使一個人感到驚奇。一個人可以透過在頭腦中對各種行為、情感、價值或態度進行思考，做出選擇；還可以透過觀察，與他人交談，或閱讀自我發展的書籍，更清楚地意識到各種方法。

把你正在考慮進行的變化分隔成具體的行為單位，這樣，將有助於評定、計劃和實現自我的變化。列出能表現自己的變化和可能發生的許多不同言行，有助於一個人實行自我變化的決定。例如，你正在追尋自己與他人之間的正面因素，使自己能激發、鼓勵和幫助他人建立自尊和自信，帶來愉快、親密和合作的關係，那麼，你所列的項目可能包括：

- 今天至少要表揚五個不同的人；找出並寫下五件我的同伴本週內所做的我喜歡的事情，然後在適當的時候表達自己的歡喜之情。

· 在本週內每天寫下一段欣賞別人的話：找一位合適的人，向他傳遞已寫好的稱讚話語。在批評某人之前，找出三件與他的想法有關、我又喜歡的事情。

· 在本週內，或每天要做的第一件事就是，為某些人（包括父母、兄弟姐妹、知己好友）寫個便籤或一封信，感謝他們為自己做了許多特別的事情。列出別人所做的好事（只要是我們知道的或注意到的），並在合適的時候，讓他們知道。每告訴別人一件事，就在記錄該件事的地方做個記號，保證每天至少做一個記號。

· 評定自己的選擇：在識別了各種可能性選擇之後，需要考慮一下每種選擇的利弊，努力預見可能會破壞每種選擇的障礙，然後找出克服或防止每一種障礙的方法。在評定自己的選擇時，要現實地看待自己。

· 做出決定：找出幾個自己列出的，並認為自己能做到的事情。需要注意的是，應選擇一個你相信能達到的開始目標，並制訂一個總體目標，盡量將你的要求訂得高一些。把每一個目標分解成若干個小步驟，並制訂一些清楚的、現實的、可獲得的、具體的、即時的目標。假如你開始時未獲成功，那就把目標訂得再低一些，透過這些小目標的實現，你就能更加確信自己獲得成功的能力，你就更能得到鼓勵和自我的支持，去處置更為困難的事情。

- 實施決定：當一個人做出改變自我的決定時，需要精確地釐清自己決定的都是些什麼內容。如果把這些內容寫下來或告訴別人，或許更有幫助。如果你的決定有附加條件，那麼自己要搞清楚都是些什麼條件。要考慮一下那些有可能成為自己實現願望的阻礙，計劃一下自己該如何處理那些偶發事件。一個人應真實地看待自己的願望，時刻提醒自己信賴和自信的重要性。
- 評定結果：在做了自己所計劃的事情之後，評定一下結果，然後重複運用解決問題的過程，對任何未解決的問題，以及你想應答的新機會，從第一個步驟做起，進而使自我發展繼續下去。

推銷自己，獲得更多機會

戴爾．卡內基說：「推銷自己是一種才華，是一項藝術，有了這種才華，你才能安身立命，使自己立於不敗之地，你一旦學會推銷自己，你就可以推銷你任何值得擁有的東西。」有人具有這種才能，在事業發展中十分順利，而有的人就不那麼幸運，他可能會到處碰壁，因為他不善於推銷自己。生活中有許多因推銷自己而成功的例子。

威廉．麥克勞德是《紐約時報》的著名記者，他總是津津樂道地講述他是如何獲得第一份工作的。當時，他緊張地等在辦公室門外，申請資料已經遞進去了。一會兒門開了，一個職員出來：「主任要看你的名片。」

威廉從來就沒有準備過什麼名片，這時，他靈機一動，拿出一副撲克抽出一張黑桃A說：「給他這個。」

半個小時後，威廉被錄取了。

自我推銷的確有很大的妙用，但有一點必須釐清，自我推銷並不是毫無底蘊的即興之作，戴爾．卡內基告訴我們，善於「推銷」自己的人能做到以下幾點：

對自己充滿信心

你不喜歡別人把你看得很差勁是嗎？你特別不喜歡一些假的或半真半假的評論是嗎？但是，一句自我批評的話，其毀滅的力量十倍於一句別人批評的話。經常說自己不好的人，最後會相信他們自己的話。一旦他們相信自己的話後，就會表現得自暴自棄。

如果人們給自己一些肯定的想法和評論，他們會相信這些相法。給自己一些恭維，是增長自尊的方法。

不要養成妄自菲薄的習慣。要習慣於說自己好話，你會發現你比較喜歡你自己。

注意自己的儀容

初次見面，人們都是以外表判斷對方是怎麼樣一個人。人品和才華要讓別人了解並非輕易就能做到，所以，如何掌握初次見面的那一剎那便成為非常重要的課題，而儀容就變成決定性的影響因素。

記住，你的外表能「說話」，你應盡力讓它向別人表達積極的意思，絕不要衣衫不整、精神萎靡地離家外出。

恰如其分地表現自己

不要再等待，現在就開始，好好表現自己，締造你的成功！恰如其分地表現自己：

（一）展現自己的個性魅力

推銷自己，要學會展示自己的個性魅力。

威廉．麥克勞德的一張黑桃A，就把自己機智、靈活的個性魅力展示得淋漓盡致。推銷自己就是要幫自己打廣告，要把自己的特點、與眾不同之處盡情展示出來。因此，推銷自己要充分發揮自己的特色。但切記，展示並非炫耀，更不是張揚。

（二）不要為自己辯解

推銷自己，注意不要自我辯解，因為它是自我推銷的障礙。現代社會中為自己辯解的人很多，事無大小天天都有辯解場面的出現，一般人認為只要辯解有理，就可得到對方的認同，維護且穩固自己的立場，其實這是一種自賞。

正為自己辯解的人，看到對方沒有發表意見，靜靜聽我方分析，就誤以為對方理解、贊同自己的立場，更津津樂道，口若懸河，這是很大的錯誤，若要自己顯得可愛，應該磨練充實自己，而少爭辯。

㈢盡量少發表自己的意見

面對一名充滿問號的人物，任何會使對方留下不良印象還可能會觸怒對方的意見，及可能遭到反感的行為皆應避免。在這種情況下，應以少說話為妙。總之，在對對方有充分了解之前，對任何事物應維持客觀中立的態度。

㈣勿自我炫耀

應多克制自己想炫耀的衝動，與對方交流時盡量少用專業術語，而應用對方聽得懂的語句與對方取得心靈上的溝通。畢竟，語言的原始目的是把自己的意思傳達給別人，而不是造成對方的疑惑。因此，話應說得盡量明白，不得已必須使用專業用語時，則一定要加以說明。

(五) 記住對方的名字

這種方法特別能給人良好的印象，因而十分重要。記住別人的名字，即表示你在關心對方（至少對方會這麼想），能使人愉快且感到欣慰，認為能受到別人認同，而這正是每個人都急切需要的。見第一次面，就記住對方的名字，可以收到事半功倍之效。

(六) 向別人表現自己的關心

對別人——任何一個人，皆有必要表現適度且由衷的關懷與問候。

譬如：去拜訪某人被邀請到大廳等候時，你可以和周圍的人或負責接待你的人員聊聊天，慰問他們的辛苦，或講幾個笑話，改變周圍氣氛，和他們建立融洽的關係，可能會收到意想不到的效果。

總之，推銷自己是一門十分值得研究的學問。當你運用上述方法成功地展示了你的才華後，你今後擁有的發展機會將比別人更多。更可貴的是，你所獲得的機會，並不是誰的施捨、靜等而來，它是你主動爭取的結果。只有自己才能助自己最關鍵的一臂之力。

培養自己優先晉升的能力

認識自己，完善自己，實現自己，總的來說都是為了一點——發展自己，前面已經說了許多發展自己的方法、途徑，下面將告訴你在職場中你應該如何發展自己、培養自己優先晉升的能力。

創造性地努力工作

努力、勤奮的工作是成功的必經之路，但並不是流了汗，就能幫助你取得事業的進步。

有人把從業者分為實現者和成功者兩大類型，指出，兩者的差別主要並不在於努力程度的不同，而是在於實現者無法擺脫他們在學校學習時形成的思考方式，不能主動、積極地對待工作，而是被動地等待別人為他分配任務，就像學生等待老師出作業給自己一樣。同時，對待成果不會主動利用，像學生等待老師幫自己打分數、寫評語一樣。

而成功者則善於主動地尋找工作，找出最需要自己去做的事情，發掘特殊的工作能力，並透過新的工作任務致力於革新和創造。

增強交際才能

許多工作中都包含著交際，與人合作，而誰也不喜歡難以相處的人，這是最簡單的事實。

約翰是位極受尊重的行政顧問，他說：「如果你態度傲慢，把別人當工具，他們遲早會讓你栽跟頭。」

有一次，約翰在甘迺迪機場遇上了這樣一件事，很能說明問題。一個人要到邁阿密去，看到搬運工搬運行李手腳不太俐落，就對著搬運工大喊大叫，但搬運工並沒有對那人發脾氣。約翰看到後便走過去讚揚他的器量。搬運工抬頭看了約翰一眼說：「我不過是個基督徒，」接著又笑著加了一句，「那位先生，他要去邁阿密，不過當然了，他的行李去的是卡拉馬朱。」

人的實際才能首先包括最基本的社交知識，概括起來，有以下幾點：

待人不要冷漠；善於聽取話中之話；善於提出批評和接受批評；情緒要穩定。

從事業成功角度來看，僅僅遵守以上幾點是不夠的，出色的交際藝術不僅包括與他人能夠良好合作，而且在於積極地擴大自己的交際圈，與外界進行聯繫。

擴大自己交際圈的方式很多，可以讓親人、朋友引薦，可以利用自己的業餘愛好與人交往，可以在旅行途中與人交談，可以在各種會議上、社交場合主動與人攀談。為了明確的目標，你可以進入某一團體工作，進而建立聯繫網。

幫助你的上級

對許多雄心勃勃的人，尤其是年輕的人來說，主管是對頭的代名詞，而且許多人認為接近主管是奉承討好的行為。

帶著這種心理，他們常常故意與主管作對，或者僅僅完成份內工作，主管工作出現了失誤，他們幸災樂禍，不予以主動予以援助。事實上，以下兩點，是每一個做下屬的都應該了解的：

第一，大部分主管是稱職的，而且，他們經歷了從下到上的過程，經驗讓他們在對待同一問題時的理解能力、洞察力常常要強於下屬。

第二，單位中的晉升制度往往是階梯式的，下屬的出色成績可以幫助主管早日升遷，而主管的高升也會為自己的下屬準備一個位置。

幫助自己的主管並不是要進行奉承、獻媚。首先，努力工作，做出成績本身就是對自己主管的最大幫助。許多與主管關係僵化的人用「功高震主」來解釋，但真正原因往往並非如此。只要不是完全出自勃勃野心，而讓人感到你工作中取得的成就確實是源於對工作的熱情，你的同事、主管中是很少有人會對你的成就感到忌妒的。

為了讓你的主管感到你確實是在真誠地幫助他，你應學會適當地表達你的歸屬感。這是一種透過注意、關心，支持你所在的組織，主動從組織發展角度做出貢獻的技能。你的主管最關心的就是他所負責的單位，如果他感到你是從集體角度出發考慮工作的，他會相信你是在真心地幫助他。

第二章　優秀品行，一生受用不盡的財富

優秀的品行，是一個人一生受用不盡的財富。

品行也就是道德品行的簡稱，是一個人內心的規範與行動準則。一個人在社會中生活，既要做事，又要做人。做人是更為重要的，也更為困難，因為這不只是與周圍的人和事打交道，更重要的是與自己打交道，與自己的靈魂打交道。要經常地與自我鬥爭，以便自我監督，自我約束，不斷提高自己的品行境界。可以說，做人的根本就是要有好的品行，這是人在社會中立身的基石，不講道德，沒有良好品行的人，就沒有做人的起碼資格。

做事是才，做人是德。真正的人才，不只是有才，而且要有德。「德者，事業之基。」德乃是人生事業的基礎，是個人才能的統帥與核心力量。反之，離開了道德的

建樹，立業也就失去了穩固的根基，如豔麗一時而不可長存的花朵；缺乏道德的約束，個人的卓越才能還可能走向反面，會耗盡在小聰明的猖狂作為中。

良好的品行，是一個人立身、處事的關鍵，更是一個人事業發展的基礎。成功者都具有良好的職業道德、有良好的行為習慣；他自動自發、敬業、忠誠……。

做一個有禮貌、有教養的人

禮貌與教養無論在何處，都像陽光一樣受到歡迎。為什麼不歡迎呢？它們到處攜帶著光明與歡樂。它們絕不忌妒，對每一個人都給予美好的祝福。

失去一切，但是仍然留有勇氣、愉快、信心、自尊和品德的人，是真正高尚的人。這樣的人依然富有。

拿破崙．希爾曾說過這樣一則寓言：

「你不想有我的力量嗎？」颶風問和風，「你看，當我起航的時候，他們在整個海岸都掛上颱風信號來向我致敬。我折斷一條船的桅杆就像托起一根羽毛那樣地容易。我的翅膀這麼一掃，海邊就到處都是被粉碎了的船板。我能夠，而且常常舉起大西洋。病弱者最怕我，怕之入骨。所有的國家都在我的呼吸下畏縮著。難道你不想有我的威力嗎？」

和風沒有回答，只是在天空中輕輕起舞。這時，所有的河流、湖泊和海洋，所有的森林和田野，所有的走獸和飛鳥以及人類，都為它的來臨而高興。鮮花盛開，果子成熟，麥地金黃，白羊般的雲彩輕輕浮動。鳥兒飛翔，風帆高舉，到處是健康、到處是愉快。綠葉、鮮花、果實和收成；溫暖、光明、歡樂和生活——這就是和風給那驕傲而可憐的颶風唯一的回答。

戴爾．卡內基的著作中也有類似的例子。

有一天，美國第三任總統傑佛遜先生和他的孫子一起騎馬外出。路上，有一個奴隸向他們脫帽鞠躬，總統也就提帽還禮，但他的孫子不理睬這黑人。

「湯姆生！」這位祖父說：「你怎麼能夠讓一個奴隸都比你文明得多呢？」

好的教養往往能為一個人帶來好運。

布特勒先生是一個商人，有一天，他已經把商店鎖好回家了，在路上，碰到一個小女孩要買一美分的線。他走回去，重新開了門，幫小女孩取線。這件小事不知怎麼傳遍了全城，於是為他帶來了無數的顧客。他的教養為他帶來了財富。

有朋友問卡內基：「為什麼我們的朋友約翰總是無法成功呢？他有足夠的資本，對他的行業有充分的了解，而且精明能幹。」

卡內基解釋說：「因為他尖酸刻薄，總是懷疑他的員工欺騙他，對他們很不尊重，結果沒有人真正賣力為他工作，顧客們都跑到別的商店去了。」

禮貌和教養是一種財富，是每一個想成功的人必須具備的優秀品行。做一個有禮貌和教養的人，你會因此受到歡迎，為自己帶來好運。

樹立自己高尚的人格

人格於自身是最珍貴的東西，無論何時，我們都必須具備高尚的人格。對此瑪麗有自己的體會：

大學畢業以後，為了找工作，我奔波了半年，深深地體會到了生活的不易。當我走進那家大公司的接待室時，已是第二十七位應徵者。

我前面的許多女孩明眸皓齒，懷揣的文憑不會低於我，這一點都寫在她們臉上。希望甚微，但總還是有的。

輪到我時，已是下班時間，主持應徵的幾位面試官面露疲倦，幾乎是例行公事。他們詢問我的年齡、文憑、專長，傳閱我的資料。最後，一位年長者問道：「如果你和客戶打交道時，」他頓了頓，「公司的利益需要妳做出有限度的犧牲，妳願意嗎？」我立刻警覺起來，有限度的犧牲，是什麼意思？是那種不吃大虧，卻又總是被人占便宜嗎？年輕的女孩想要立足，就得這樣放棄自己的原則？雖然我渴望得到這份工作，但還是毫不猶豫地說：「不。」站起來，我想我應該說「再見」，那位年長者卻微笑著說：「妳被錄取了，妳是二十七位應徵者中第一個說不的人。我們需要的就是堅持自己原則的人。」

人無論高貴與否，人格與尊嚴都是自身最為重要的特質。放棄了這些，惡與善之間的距離就不遠了。離開了這些，成功也不可能眷顧你。

以德立身，為自己鋪就成功之路

以德立身貫穿於每個人人生的全過程，在人生的不同階段，道德對於人的要求會有著不同的變化，每個人體驗和經歷的內容也不一樣，但是，「以德立身」的人生支柱是不變的，它對每個人人生大廈起著支撐作用的定律是不變的。「德」是指一個人的品性、德行。我們很難想像，一個品行不端、德行糟糕的人能結識真正的朋友，獲得長久的事業成功。這樣的人很難有人能與之長期合作，因為這種人不是只做一次生意，就是過河拆橋；他們甚至還可能因為某種利益的驅動，鋌而走險，落入法網……。

要走向成功，需要以德立身，這是一個成功者必須確立的內在標準，沒有這個內在的標準，人生之路就會失去支撐，最終將必然導致失敗。

富蘭克林是美國獨立戰爭時期的民主主義者、著名的科學家，一生受到了人們的愛戴與尊敬。但是，富蘭克林早年的性格非常乖戾，無法與人合作，做事經常碰壁。

富蘭克林在失敗中總結經驗，他為自己制訂了十三條行為規範，並嚴格地執行，他很快為自己鋪就了一條通往成功的道路。

（一）節制：食不過飽，飲不過量，不因為飲酒而誤事。

（二）緘默：不利於別人的話不說，不利於自己的話不說，避免浪費時間的瑣碎閒聊。

（三）秩序：把所有的日常用品都整理得井井有條，把每天需要做的事排出時間表，辦公桌上永遠都不零亂。

（四）決斷：決心履行你要做的事，必須準確無誤地履行你所訂下的決心，無論什麼情況都不要改變初衷。

（五）節約：除非是對別人或是對自己有什麼特殊的好處，否則不要亂花錢，不要養成浪費的習慣。

（六）勤奮：不要荒廢時間，永遠做有意義的事情，拒絕去做那些沒有多大實質意義的事情，對於自己的人生目標永不間斷地努力。

（七）真誠：不做虛偽欺詐的事情，做事要以誠摯、正義為出發點，如果你要發表見解，必須有所憑據。

（八）正義：不做任何傷害或者忽略別人利益的事。

（九）中庸：避免極端的態度，克制對別人的怨恨情緒，尤其要克制衝動。

（十）清潔：不能忍受身體、衣服或住宅的不清潔。

（十一）鎮靜：遇事不要慌亂，不管是普通的瑣碎小事還是不可避免的偶然事件。

（十二）貞潔：要清心寡慾。絕不做任何干擾自己或別人安靜生活的事，也不要做任何有損自己和別人名譽的事情。

（十三）謙遜：要向耶穌和蘇格拉底學習。

要抵得住享樂的誘惑，要抵得住金錢的勾引，不要有非分之想，不為別人的行為而動，不為別人的言語而動，也就不可能有任何誘惑和利益使你去做你明知是邪惡的事情。

以德立身，你會終生快樂，永遠問心無愧、真誠地活著。以德立身，你也就為自己鋪就了一條成功之路，在這路上鮮花與掌聲時刻伴隨在你左右。

勤奮主動地工作

古羅馬皇帝臨終時為羅馬人留下這樣一句遺言：「勤奮工作吧！」當時，他的周圍聚滿了士兵。

羅馬人有兩條偉大的箴言，那就是勤奮與功績，這也是羅馬人征服世界的祕訣。那時，任何一個從戰場上勝利歸來的將軍都要走向田間，因為當時羅馬最受人尊敬的工作就是農業生產。正是整個羅馬人的勤奮品行，終於使這個國家逐漸變得富強。

但是，當財富與奴隸慢慢增多時，羅馬人開始覺得勞動變得不再必要，於是，這個國家開始走向衰敗，懶散導致罪犯增多、腐敗滋生，一個高尚而偉大的民族就這樣消失了。

許多立刻就想獲得成功的人，在別人眼中，他們似乎應該成為一個非凡的成功者，但事實上他們都沒有做到。這是什麼原因呢？就是因為他們沒有為成功付出相應的代價。他們渴望抵達輝煌的頂峰，但卻不願跨過艱難的山路，他們不願參加戰鬥，卻又想獲得勝利，他們不願遇到阻力，卻又希望一切順利。

懶惰的人總是抱怨自己無能，連自己家人的溫飽問題都解決不了。而勤奮的人卻說：「我沒有什麼天資，只會拚命幹活換取麵包。」

美國成功學大師詹姆斯．哈伯雷在其著作中寫道：

「勤奮的確是人重要的品行之一。」

「一個永遠勤奮而且樂於主動工作的人，將會得到老闆甚至每個人的讚許和器重，同時，也會為自己贏得一份重要的財產——自信，你會發現自己的才能足夠可以贏得他人甚至一個機構的器重。」

「懶惰會讓人的心靈變得灰暗，會讓你對勤奮的人產生忌妒。一個懶惰的人只會看到事物的表面現象，看到別人獲得了財富，他會認為這不過是別人比自己更幸運罷了。看到別人比自己更有學識和才智，則說那是因為自己的天分不如別人。這樣的人不明白沒有努力是難以成功的。事實上，每一個成功者的成就都是依靠自己的不懈努力獲得的，這其中不會有機緣的巧合。」

要克服懶惰的惡習，你就應該勤奮主動地工作，你可以這樣去做：

（一）每天確定一項明確的工作任務，在你的主管尚未指示之前你就主動去把它做好。

（二）每天至少做一件對他人有價值的事情，不要在乎是否有報酬。

（三）每天告訴別人養成主動工作習慣的意義，至少告訴一個人以上。

勤奮工作吧！只有勤奮工作，你才可能獲得成功、財富與榮譽。不要因為遇到困難就打退堂鼓，更不要因此就敷衍了事，勤奮將指引你越過所有的艱難險阻，直到成功。勤奮工作將給你機會，任何一個老闆都會賞識勤奮工作的員工，這是一種值得任何人尊敬的美德，走到哪裡，它都會為你增添光彩。

忠誠於自己的公司，忠誠於自己的老闆

有一位成功學家說過這樣一句話：「忠誠會助你取得成功。」確實是這樣的。忠誠是一種美德，一個對公司、對老闆忠誠的人，並不只是忠誠於一個企業那麼簡單，他是忠誠於自己、忠誠於社會、忠誠於國家，他在為人類造福。

品德高尚的人不會為自己的名聲時時擔驚受怕。他不怕別人議論他，也不怕別人誹謗他。你對你自己的道德品行很有自信的話，你的內心就會油然生出大無畏的

勇氣，你根本不怕別人對你的非難。

忠誠是一種人格特質，它能給人帶來一種自我滿足感，更加懂得自重，它是時時刻刻伴隨著我們的精神力量。一個人能約束自己努力去做一個有益於他人的好人，也能夠放任自己去做一個遭人唾罵的壞人。成功與失敗都只在一念之間。與忠誠一直相伴的是努力。生命中不能缺少忠誠，忠誠的人無憂無慮，他能良好地控制自己的情緒，不會因為情緒激動而失控。他一直守護著生命的航船，就算航船即將沉沒，也會英勇地堅守到最後，直到最後與整艘船一起沉沒。

人不能沒有忠誠，一個品德不忠誠的人不是一個完整的人。忠誠於自己的公司，忠誠於自己的老闆，與公司同事們和睦相處，共同進退，這樣就能使集體的力量得到進一步的增強，而他的人生就會變得更加地豐富多彩，他的事業也會相應地得到更多的成就感，工作也會理所當然地成為一種享受。那些整天在背後議論他人是非，說三道四，挑撥離間的人，只會陷入困惑之中，無法與他人和睦相處，最終將自己孤立起來。老闆不重用他，同事不願意與他共事，在公司裡不斷失去升遷的機會，受傷害的總是他自己。

對公司老闆來說，普通員工對公司要有責任心，中階員工不僅僅要有責任心還要有上進心，而對那些高階員工來說，要求就更多了，不但要適應公司的發展規畫，還要把公司當成是自己的公司，全心全意為公司工作，所以，在公司裡的職位越高，對忠誠度的要求也會越高。你對公司越忠誠，公司也會越重用你。

多做一些對他人有益的事情吧！你多付出一分，對方就會相應地要對你多承擔一份義務。你忠誠於你的老闆，你的老闆將會更加看重你。

你不能錯誤地將忠誠理解成對某人自始至終都忠誠不二，它是一種職業的責任感。忠誠並不是對某家公司或者某位老闆表現自己的忠誠，而是一種職業的忠誠，是承擔某一責任或者從事某一職業所表現出來的敬業精神。

人一生更換幾次工作是很正常的事情，但做什麼工作就要把工作做好，這是對所從事的職業的高度責任感。正是因為有了這種責任感，才能把工作做得更好。

對於公司來說，忠誠能大幅度提升公司效益，還能增強公司的凝聚力，使公司更具競爭力，使公司在變幻莫測的市場中更好地立足。對於員工來說，忠誠能使員工更快地與公司融為一體，真正地把自己當成是公司的一分子，更有責任感，對將來更加自信。

自信地對待自己

自信是做好一切的基礎。如果有堅定的自信，即使平凡的人，也能做出驚人的事業來。缺乏自信的人即使有出眾的才幹、優良的天賦、高尚的品格，也很難成就偉大的事業。

一個人的成就，絕不會超出他自信所能達到的高度。

堅強的自信，便是成功最大的源泉。不論才能大小、天賦高低，成功都取決於堅定的自信力。相信一定能做到，事實上就能夠成功。反之，不相信自己，那就絕不會成功。

有一次，一個士兵騎馬為拿破崙送信，由於馬跑的速度太快，在到達目的地之前猛跌了一跤，那馬就此一命嗚呼。拿破崙接到了信後，立刻寫封回信，交給那個士兵，吩咐士兵騎自己的馬，快速把回信送去。

士兵看到那匹強壯的駿馬，身上裝飾得無比華麗，便對拿破崙說：「不，將軍，我是一個平庸的士兵，實在不配騎這匹華美強壯的駿馬。」

拿破崙回答道：「世上沒有一樣東西，是法蘭西士兵所不配享有的。」

世界上到處都有像這個法國士兵一樣的人！他們認為自己的身分卑微，別人所有的一切都不屬於他們，認為他們是不配享有的，以為他們是不能與那些偉大人物相提並論的。這種自卑自賤的觀念，往往成為不求上進、自甘墮落的主要原因。

經常有人這樣想：世界上最好的東西，不是他們這一輩子所能擁有的。他們認為，生活中一切美好的事物，都是留給一些特殊的人的。有了這種卑賤的心理後，當然就不會有要成就偉大事業的觀念。許多人，本來可以做大事、立大業，實際上竟做著小事，過著平庸的生活，原因就在於他們自暴自棄，他們沒有遠大的目標，沒有堅定的自信。

與金錢、權力、出身相比，自信是最重要的東西，是人們從事任何事業最可靠的資本。自信能幫助人排除各種障礙、克服種種困難，能使事業獲得完美的成功。

瑪麗．科萊利說：「如果我是塊泥土，那麼我這塊泥土，也要預備給勇敢的人來踐踏。」

屠格涅夫說：「一個人的個性應該像岩石一樣堅固，因為所有的東西都建築在它上面。」

自信是成功最大的魅力，自信是內在的成熟、穩健，它對塑造良好、積極的自我形象至關重要。以下介紹幾個使你有自信的方法：

始終想著自己的長處

許多人總認為，由於他們沒有別人那樣聰明、漂亮或靈活，因此感到低人一等。其實，那是因為他沒有發掘和表現自己聰明才智的實際作為。如果認識了自己的自我價值，確立了自信，有了積極的自我形象，那就會積極進取，充分發掘自己潛在的聰明才智，那麼偉大對你來說僅僅需要一個機會而已。

投入到你的工作當中去

「每一個人都擁有天上的一顆星，在這顆星照亮的某個地方，有著別人不可替代的專屬於你的工作。」因而你必須百折不撓地找到自己的位置，這需要時間，需要知識、才智、技巧，需要整個心力的成熟發展，不能因為看到別人似乎輕易取得成功而氣餒。

隨時想著自己能成功

不少人心中總是出現「糟糕，我又說錯話了」等等訊息。由於每天無數個這類訊息在腦中閃現，就會削弱自我形象。一個克服這種怯弱自責心理的好方法是想像。為了取得成功，你必須在腦中「看」到你正確取得成功的形象，在腦中顯現你充滿信心地投身一項困難的挑戰形象。這種積極的自我形象在心中呈現，就會成為潛意識的一個組成部分，進而引導你走向成功。

不要為別人的期待活著

他人對自己的期望是一種信任的期待，會成為一種前進的動力。但是，它有時會成為束縛你的桎梏。所以，你不要看到別人成功而對自己妄自菲薄，不要錯把別人的期待作為沉重的精神包袱，能真正認識自己的只有你自己，憑你的知識與經驗，以及直覺去尋找你的位置，你有著屬於自己的成功，它在等待著你。

多尋益友

最能增強你的良好自我形象感的途徑，是使你感到你的生活中充滿著愛。這要透過你的努力去實現。向他人貢獻你的愛，你會得到他人的愛。當然，要記住在與他人交往中，不要被他人吞沒了自我。如果你忘記了自我，那就失去了生存的目的。

堅守誠實正直的良好品行

誠實正直是一種重要的品行，它能使你具有強大的親和力，能讓別人無條件地接納你。生活中，你誠實正直，你勢必受到尊敬，擁有好的人緣；職場中，你誠實正直，你的同事就會樂意與你合作，你的雇主也會特別垂青於你。

一位大公司的老闆這樣說道：「我欣賞那些誠實正直的人，那些唯唯諾諾、毫無原則的人令人討厭，而我也相信，那些對老闆阿諛奉迎，對下屬專橫跋扈的人，不可能有大的作為。」

一個誠實正直的人首先應該是公正的。當你的主管或同事偏離了正確的軌道時，你應該加以勸阻。一個誠實正直的員工，會蒐集相關的事實，周密地思考可能會出現的問題，然後作出相應的判斷。但其實我們周圍卻存在著許多不誠實正直的人，如一位老闆因生意上的問題而受到了懲罰，他的某位員工卻有點幸災樂禍地說：「其實，我早料到會如此，我不說，是因為我不想摻和進去。」他的態度無疑是：我自己的事已經夠多了，讓老闆自己在那根繩子上吊死吧！那是他自己的問題。你能說這樣的人誠實正直嗎？同時，你又怎能相信這樣的人會得到老闆的信任、得到更多的回報呢？

如果你是一個誠實正直的人，當你發覺老闆或同事偏離了正確軌道時，你就應該勇敢地加以勸阻，即使他沒有接受你的忠言，你卻證明了自己的誠實。你沒有因為他是你的老闆或同事而虛偽地視而不見，甚至極力迎合，你會因此感到快樂，說真話會讓你覺得胸懷坦蕩。

一個正直的人會在適當的時機做恰當的事情，他不僅勇於向他人提出建設性的批評，而且也樂於接受別人好的意見。正直的人講真話，從來沒有謊言。

其實，有的謊言並沒有什麼惡意，也不會造成什麼危害，但久而久之會讓人養成撒謊的習慣，繼而變成無法原諒的惡習，使你的心靈漸漸變得灰暗。

一個人可以因豐富的學識、優雅的風度、仁慈的行為，或者其他一些美好的品行，贏得他人的尊敬。但一旦他有謊言被拆穿，所有的優點就會煙消雲散，只有真誠地袒露自己的心靈，做到誠實無欺，才能真正贏得別人的信任和尊敬。

在工作中，許多員工以為撒個小謊無傷大雅，而樂此不疲，結果就會變得十分糟糕，他們會對工作不再盡心，對公司和老闆不再忠誠，隨之，會失去許多誠實正直者所應得到的回報。

如果你是一個可以信賴的人，那麼你的一舉一動都是誠實可靠的，毫無見不得人的地方，你會對自己的工作積極主動、盡心盡力，理所當然地可以得到升職和獎勵。這與職位或工作沒有任何關係，也與男女、長幼和貧富沒有任何關係。

因此，永遠都不要嘗試說謊，只有這樣，你的心靈才會純潔，才能養成自律的習慣，工作和生活的環境才會變得寧靜平和。

即使當你不小心犯了某種大錯誤，也不要試圖用謊言欺騙他人，欺騙你自己。最好的辦法是坦率地承認和檢討。如果有可能，盡可能快地對事情進行補救，只要處理得當，你一樣可以立於不敗之地。

誠實正直也許會使你暫時失去一些東西，有時候，也許會被人嘲笑，但是如果你能堅守這一品格，最後都會得到應有的回報。

真誠的人會贏得更多的機會，機會總是去尋找誠實可靠的人！如果你討厭正直誠實，那麼能給予你機會的老闆同樣也會討厭你。如果一開始你就讓別人覺得你很狡猾，別人就會自然而然設立一道防護的屏障，來抵禦潛在的威脅。

誠實是衡量一個人品行的尺，無論什麼時候、什麼地方都可用於檢驗一個人。

許多公司都很注重一個人的品行，並且以此作為晉升、任用的標準，即使有些人工作經驗豐富、技術熟練，如果不誠實也不會被任用。不為利動，沒有私心，在任何情形下都言行誠實——這種美譽，其價值比從欺騙中得來的利益大過千倍。

如果你的雇主確信你是一個誠實可靠的人，他就會信任你，讓你擔負起重要的責任。如果你在和別人打交道的時候都誠實可靠，你也將得到豐厚的回報。

追求卓越，從內心決定做第一

不知你是否有過這樣的經歷，你因為在公司裡得不到重用，而不滿意自己的工作，這個時候，你是急急地遞上辭職書，還是做點其他的事情呢？

建議你先問一下自己：我為什麼得不到重視呢？你可以好好地熟悉公司的一切

業務技巧、商業文化和公司組織。如果你已經超越了自己原本的能力，老闆還不重用你，而得不到重用的原因也的確不在你，那麼，你再決定辭職，一走了之，不是更有收穫嗎？

其實，你更應該相信，到那個時候，你的老闆一定會對你刮目相看，升職、加薪會紛至沓來。那是因為，當初你能力不足，卻不知努力學習，對於老闆來說「混日子」的員工不可能有好的工作業績，不喜歡，甚至解僱那是理所當然的。如今，你下了苦功，有所成績，他當然會對你刮目相看。

只知抱怨老闆的態度，卻不反省自己的能力，不追求卓越，是不會在工作中享有榮譽的。如果你回頭來看，就會很驚訝地發現，以前你沒有受到重用，是因為你沒有追求卓越。實際上，你的老闆是很有眼光的，關鍵看你怎樣要求自己，把自己定位在什麼水準上。

你不妨問問自己：我真的已經做到盡善盡美了嗎？我真的已經發揮了自己最大的潛力了嗎？

事實上，面對激烈的競爭，你應該不斷地超越平庸，追求完美，你需要制訂一個高於他人的標準：不推託、不敷衍、盡全力。你會因此而異常優秀，不僅能做好一切屬於自己的工作，而且會出人意料地做得非常完美。

尚可的工作表現人人都可以做到，只有不滿足於平庸，才能追求最好，你才能成為不可或缺的人物。沒有人可以做到完美無缺，但是，當你不斷增強自己的力量、不斷提升自己的時候，你對自己要求的標準會越來越高，這本身就是一種收穫。

那些自甘沉淪，不追求超越，懶得提高自己能力的員工是不會有所進步的。而你的工作水準沒有提高和進步，你的主管也絕不會給你升職和獎勵。

追求卓越像是一塊堅強厚重的磨石，它會眷顧你，把你的工作帶到最完美的境界。也許十全十美永遠難以企及，但是，只要你是在不停地追求，你就不會在原來的起點原地踏步。一開始也許你只是一個實習生，後來做祕書，然後是主管，而這一切都是建立在不斷追求的基礎之上的。如果你真正擁有這種品行，你還可以自己當老闆。為什麼你只能做別人正在做的事情？為什麼你不能超越平庸呢？

超越平庸，選擇完美，這是一句值得每個人銘記一生的格言。如果你是一個渴望得到重用的員工，如果你希望讓你的老闆覺得你無可取代，一定要從內心決定做第一。這樣在你的意識中你會有信心做到完美，你的個性也才會真正地成熟起來，你會因此而出類拔萃。

第三章　觀念制勝，成敗得失一念間

觀念是一種思想，是一個人無形之中的行事準則，有什麼樣的觀念，往往就決定了你的行動方向。這樣說並非聳人聽聞，舉一個最簡單的例子：

大象能用鼻子輕鬆地將一噸重的物體抬起來，但我們在看馬戲表演時卻發現，這麼巨大的動物，卻安靜地被拴在一個小木樁上。

因為牠們自幼無力時開始，就被沉重的鐵鏈拴在木樁上，當時不管牠用多大的力氣去拉，這木樁對幼象而言是太沉重的東西，當然動也動不了。不久，幼象長大，氣力也增加，但只要身邊有樁，牠總是不敢妄動。

這就是行動受觀念影響的最佳例證。成長後的象，可以輕易將鐵鏈拉斷，但因幼時的經驗一直存留至長大，牠習慣地認為「絕對拉不斷」，所以不再去拉扯。

不只是動物，人類也因未排除「固定觀念」的偏差想法，只能以常識性、否定性的眼光來看事物，自以為是地認為自己該如何，彷彿在向世人顯示自己是如何地聰明，誰知聰明反被聰明誤，終是做了愚蠢的事情。

有智慧的人都知道，要想成功，就必須樹立自己正確的觀念，用正確的觀念指導一生。

成功隱藏在每天的日常工作中

成功很少是依靠運氣的，而是隱藏在每天的日常工作中，機會會慢慢降臨在我們身上。明白這一道理的人，都會用正確的觀念面對自己的日常工作，他們隨時提醒自己——得到之前，必須先有付出。

不幸的是，許多人站在生命的火爐前說道：「火爐啊！請給我一點溫暖，然後我會為你加進一些木柴。」

學生往往對老師說：「我若把這學期不良的成績帶回家，父母就會懲罰我。所以，老師，如果你這學期給我好成績，我答應下學期會努力用功。」

祕書往往會跑到老闆那裡說：「幫我加薪，我就會做得更好。」業務員到老闆那裡說：「升我為業務經理，我就會變得能幹，雖然我一直沒有做出什麼成績，不過一旦讓我負責，我就能做得更好。所以請讓我當主管，我會做給你看。」

如果我們都這樣的話，我們就好比一位農夫禱告說：「如果讓我今年豐收的話，我答應明年會好好耕種。」總而言之，他們說的是「給我報酬，然後我會生產。」

可惜的是生活並不遵循這樣的規律。如果你想要生活賜予你什麼，首先你必須得先付出。現在，如果你在剩下的人生之路上牢牢遵循這個規律的話，許多問題將會迎刃而解。

農夫只有在春天播下種子，秋天才會有豐收，在莊稼豐收之前，他還必須「付出」辛勤的勞動；學生在習得知識、取得文憑之前，也得刻苦攻讀；祕書得在工作之外付出相當的額外努力，才能成為明天的辦公室經理；在取得冠軍頭銜之前，運動員得付出血與汗的巨大代價；只有全身心地投入到工作之中，今日的基層企劃人員才能成為明日的主管。

在生命的旅途中，你無法看出明天到底會不會有重大的突破，或者還需要一星期、一個月、一年或更長的時間才能獲得成功。

不管正在做什麼，只要熱心、不斷地做下去，遲早會有收穫的那一天，對此你應該深信不疑。

不管你正在做什麼，都要以正確的態度與習慣來工作，最重要的是，你應該不屈不撓地繼續下去才行。成功與失敗往往也只是一牆之隔。不管你是醫生、律師、學生、工人或業務員，一旦你決心不屈不撓地努力，成功就會離你越來越近。

成功隱藏在每天的日常工作中。如果一個人不努力去做好工作，而急於獲得工作成績，那一定是一個荒廢事業的人，也就無從談起成功二字；反之，投身於工作的人，要付出各式各樣的努力，要花費大量的時間，可是當付出努力得到回報時，將收獲無與倫比的喜悅。

工作沒有貴賤之分

不論是貴族還是平民，不論是男人還是女人，誰都沒有理由輕視自己的工作。

認為自己的工作是卑賤的，這是一個極大的錯誤。

現在，依舊有許多人認為自己的工作低人一等。他們沒有認識到其工作的價值所在，只是迫於生存的壓力而工作。

一個人一旦輕視自己的工作，那他就不可能全身心地投入工作，而一旦他以敷衍了事和得過且過的態度對待工作，這樣的員工到任何一個公司都不會受到歡迎。

任何一份正當和合法的工作都是高貴的。每一個誠實的勞動者與創造者，都值得世人讚譽，因此，最關鍵的問題是你如何擺正對工作的態度。那種只求高薪，而不知道自己工作責任的人，不但對老闆來說沒有任何價值，對他自己來說也是一樣。

的確，有這樣一些工作，它們看上去不是很高雅，工作環境也很差勁，社會似乎也不太關注它。但是，你千萬別因此就輕視這樣一份工作，你要用這樣的尺度去衡量它：只要它是有用的，就值得你去做。在年輕人的眼中，當上公務員、銀行職員或大公司白領才算得上一份好的工作，為此，許多年輕人甚至花上漫長的時間去等待，為的就是找到這樣一個職位。實際上，在同樣的時間裡，他完全可以找到一份對他來說很現實的工作，並在工作中提升自己的能力，發現自己的價值。

工作沒有貴賤之分，但工作態度卻有高低之別。看一個人的工作態度就能立刻知道他能否做好事情，而決定一個人工作態度的要素又是他的性情與才能。事實上，一個人的工作態度可以說就代表了他這個人。

輕視自己工作的人，他絕對不會尊敬自己，因為他輕視自己的工作，因此覺得工作十分苦和累，更難讓他把工作做到最好了。今天，依舊有許多人在輕視自己的工作，他們從不認為工作是自己成就事業和人生的工具，而只不過把工作當成謀求生計的途徑罷了。在他們眼中工作是生活的代價，持這樣錯誤觀念的人是多麼可悲啊！

那些輕視自己工作的人，正是生活中的被動者，他們不願用自己的奮鬥去改變自己的生活，而是期待發生奇蹟。在他們眼中，公務員既體面又有權威性，他們不想做體力活，也不想當小商販，他們覺得自己應該生活得更輕鬆，有一個好的職位，生活得更自由。他們總是認為自己有什麼專長，並應因此而前途無量，事實上，這不過是他們固執己見罷了。

輕視自己工作的人，其實就是人生的懦夫。公務員的工作雖然輕鬆而體面，但今天，商業和服務業的工作都需要更多人的努力。當一個人對挑戰感到畏懼時，他就會找出許多理由，長此以往就看不起自己的工作了。對於理想的工作，他們的許多認識都是錯誤的，事實上，他們甚至對工作都不抱有什麼理想。

上天賜予了你工作的本能，因此，你千萬不能懶散，這只會讓你蒙受不幸。這個世界上，有人利用自己的天賦為社會創造美好的事物，而有的人卻漫無目的，浪費自己的天份，直到晚年仍身無分文。原本可以創造美好的人生，結果卻與成功擦肩而過，這是多麼讓人痛心啊！

保持適度緊張

許多人都認為緊張是不好的，安閒寧靜才應該是努力追求的工作狀態。

這種觀點未免有失偏頗。因為一個人要是一天到晚一點兒也不緊張，很多時候就什麼事也做不成，什麼工作也做不好。雖然，每天讓自己有一段沉思的時間，這也是對時間的有效利用，但是你也非常有必要去保持一定的緊張感，不然就會陷入一種無精打采的狀態。機械手錶之所以走動，就是因為上緊了發條，否則它就會停止運轉。

在辦公室保持適度的緊張，也是一種積極的精神狀態。這種狀態有許多方法可以得到，例如必須趕在某一期限之前完成工作，意識到你現在處理的工作將受到評定、和別人競爭等。這種壓力可以將你內心的鬥志激發出來，促使你盡可能有效地利用時間。

在工作中，你和同事之間應該建立起一種合理的、積極的緊張關係，這樣才能為自己施加一些工作壓力，以利更好的工作。

例如，當你不想或害怕去做一件工作，總是找出各種理由去推託時，你可以對身邊的人公開宣布說：「我這就要處理這件事了。」這就是一種幫你自己施加壓力、讓精神緊張起來的方式。因為一旦你當眾宣布之後，就會感到自己身後有許多人在看著你、監督你是否真的要去做。那麼你就會接著做下去，而不會設法繼續拖延。

工作中，不讓自己緊張起來是不行的，但過於緊張也是沒有必要的。因為過於緊張會給人帶來一種有害的壓迫感，使人感到諸多不適。過於緊張往往是因為你的時間管理不當而造成的。時間管理不當包括：沒有排定工作的優先順序、沒有事前計劃、沒有適當的授權、猶豫不決、沒有排定一段安靜且不受干擾的時間……。

長時間地工作而沒有適當調節，使自己總處於一種過度緊張的狀態下，事實上並不是有效利用時間的一種方式。當你工作太久之後，精力就會耗竭，厭煩就會逐漸侵入，身體感受到的壓力和緊張也會逐漸增加。

過度緊張不利於你更好地完成工作，只有適度地保持緊張感，才能使你在工作中不被動，才能讓你工作起來更輕鬆。

另外，完全的休息也是調節自己工作狀態的好辦法。你不應錯誤地認為適當的休息是浪費時間，會讓自己喪失所有的緊張感。適當地調節一下，勞逸結合，這不僅可以讓你提高工作效率，也可以讓你保持最佳的工作狀態。

世界上不存在永遠使你快樂的工作

許多人都擁有這樣的觀念：我所從事的工作應該是能夠為我帶來挑戰的，應該是豐富多彩的，能夠使自己發揮所有才幹和熱情，讓自己的情緒始終保持亢奮狀態，每天都很快樂。他們希望工作能夠刺激他們的熱情，把自己的情緒寄託在工作上。但事實上，世界上不存在任何一種永遠使你快樂的工作，真正能使自己快樂起來的是你自己。

為了改變自己錯誤的觀念，使自己對所做的工作不存在厭惡的心理，你需要確切地明白以下幾點：

任何工作都擺脫不了重複

我們許多人都嚮往演員、旅行家、攝影師這樣充滿了浪漫色彩的職業，彷彿這些職業有很大的自由度，它自身也包含了無盡的新鮮元素，總能刺激自己無盡的靈感與熱情，總以為，從事這樣的職業，怎麼可能不讓自己每天都很快樂呢？

美國著名的攝影師黛爾．海頓在她的傳記中道出了此中的真諦：「雖然在許多人眼裡，我的職業充滿了浪漫、新奇和樂趣，但事實上，我的心中也有苦悶，當每天的奔走成為一種習慣，工作的新鮮感也就自然消去。任何工作都是這樣，其實都是周而復始的重複。」

我們常常對自己喜歡的工作，抱有極大的希冀，總認為那樣的工作能為我們帶來想要的東西。其實，任何一份工作都能使我們有所收穫，關鍵在於我們是否願意努力去發掘這份工作的意義。任何的工作在本質上都是一樣的，都存在周而復始的重複。工作擺脫不了「重複」，如果你因為這樣而對眼前的工作失去了信心的話，那麼你將落入惡性循環之中——不斷地尋找工作，不斷地失去信心，你將永遠不會有什麼收穫。

世界上任何職業都無法逃離這一規律，那就是重複，這是所有職業共同的內在法則。一個人從事一種職業，若想取得成功，就必須遵循這樣的法則。

不管是怎樣的工作，新鮮感只存於你沒有入行之前，當你真正處在了這一工作中，新鮮感會慢慢失去，取而代之的就是重複。

任何工作都需要熱情與活力

許多人有這樣的偏見：只有那些充滿了奉獻、充滿了刺激的工作才需要熱情與活力。一個企業中，只有業務部、研發部、客服部這樣的部門才需要激發員工的熱情與活力，至於其他部門，只要員工能夠安分守己地做好自己的本職工作也就可以了，也不指望他們會有多大的成績，那樣的工作也做不出多大的成績。

的確，像研發部、客服部、業務部這樣的部門，只有拚命努力，才能作出好的業績。而這些業績是全公司各部門的人有目共睹的，因為他們的業績直接決定了公司的效益，屬於公司的支柱部門。相對地，像行政管理部這樣的部門，一直都是從事著幕後的工作，沒有人知道這些部門的人每天都在從事怎樣的工作，只是在他們稍有差錯的時候，就會頗有微詞，批評的聲音此起彼伏。而如果一切有條不紊地進行著的時候，也不會有人想起來這些部門的員工付出了多大努力，所以即使他們把工作做得非常好，也很難有人注意到。這樣的工作比起因為業績突出，而經常受到公司嘉獎、受到同事好評的那些工作來說，怎麼可能激發員工的積極性呢？

而且這些工作本身發揮創新的空間很小，限制就更多了。就好像這件事情有明文規定，就是該照著這個樣子做，這樣做就不會出差錯。於是在這樣的工作中，許多人的熱情和活力也被漸漸地沖淡了。

但是，就像前面說過的，任何一份工作都避免不了重複，都有可能變得枯燥乏味。同樣的道理，我們也能從任何一份工作中找到熱情與活力的來源，找到激發我們靈感的東西。同時，任何一份工作，都是需要熱情和活力的，沒有一份工作例外。因為只有把熱情與活力投入到工作中去，才會做出好的成績。無論是到世界各地做生意的商人，還是每天在辦公室裡爬格子的職員，只有將自己的熱情與活力投入到工作中去，才可能做好工作，並且從工作中享受到快樂。

所以，不要老是說你的工作是不需要大腦，不需要熱情，不需要活力的，那只是因為你還沒有發現這份工作激發你熱情與活力的爆發點，你還沒有真正地投入到這份工作中去。

打破對興趣的迷信

有人說，興趣是最重要的，只有興趣才能為我們提供永久的動力。我還是想說，雖然興趣的確很重要，但是還是讓這樣的觀點見鬼去吧！這些是不諳世事的小孩子才說得出來的話！我們的依據是：興趣與愛情一樣，都是易逝且能夠培養的。沒有一段幸福的婚姻是僅僅靠愛情來維繫的，興趣也是同樣的道理。你可能是因為興趣而選擇了某一種職業，但是做久了，你會發現，支持你繼續做下去的不再只是原先的興趣，更多的是一種責任，一種因為熟悉而產生的眷戀，一種因為已經取得成功而堅持下去的信心。這時興趣已經轉化為一種更加深厚而成熟的情緒了。

同樣地，你因為不得已而選擇了一個自己不喜歡的工作，為了生計不得不硬著頭皮做下去，而事實上你對這份工作的興趣為零，甚至是負值。但是做久了，連你自己都不相信，你竟然也覺得這工作有點兒意思，有點兒門道，尤其是當你掌握了它的法則，開始取得了一點點成績的時候，你會感到這份工作不像先前那樣令你討厭了，你開始喜歡上這份工作，開始有興趣去研究它，希望把它做得更好了，這就叫做「日久生情」吧！

打破對興趣的迷信吧！因為它真的是易逝且能夠培養的。

世界上不存在永遠讓你快樂的工作，任何工作最終都會歸於一種平淡。而你若想做好你的工作，你就必須接受這種平淡，而且從這種平淡中享受它帶給你的樂趣。任何工作都是一樣的，你都具有把它們做好的能力，而且你都可以從它們之中尋找到快樂的感覺，但是關鍵不在於工作本身，而在於你選擇怎樣的態度。

接受別人不願意接受的事情

工作中，我們常常會在有意或是無意中比較自己做得是否比別人多，而自己得到的是否比別人少。其實這樣的想法本來是無可厚非的，因為我們在本質上都是自私的，也都希望自己的努力能夠得到應有的回報。但是我們也常常因為這樣的比較而使自己陷入煩惱之中，而且這種煩惱也進而對我們的行為產生負面影響。

舉一個最簡單的例子，許多人對於加班抱有極度的厭惡感。本來已經工作了八個小時，下了班，還不能支配自己的時間，的確是一件很讓人不爽的事情。對於有的人來說，如果加班是有償的，可以拿到一些加班費的話，那還算是壞事變成了好事。但對於有些人來說，即使有加班費，被剝奪了自己業餘的時間，也會在心中存有不悅，況且，很多加班根本就是無償的。

當我們遇到這種問題的時候，往往就被掃了興，連做都懶得做，更別提什麼工作熱情了。

其實轉念想一想，再怎麼不高興也是沒有用的，因為無論怎樣，事情都得依舊照做。或者再想一想，就算今天不去做，明天也要做，那豈不是明天的壓力會更大嗎？姑且把它當作是一頓額外的配餐吧！不管它的滋味如何，是沒有人會拒絕額外的配餐的，而且也沒有哪份配餐是平白無故飛來的，要不是老闆特別器重，就是自己以前的工作留下了漏洞。總之，能夠讓自己在辦公室裡面再忙碌一會兒，不一定就是什麼壞事。

對於許多類似加班這樣貌似「吃力不討好」的工作，如果我們都能夠以這樣的觀念來看，心情就會愉悅許多。換句話說，你不會因為多做了一點，而覺得吃了天大的虧，也不會因為少做一點，使你的才能和人格得到了展示，你就贏得了大家的尊重和認同。

能夠心情愉悅地接受別人不願意接受的工作，就能夠真正體會到工作中的樂趣。無論是什麼樣的工作，只要你認真投入的話，你就會從中獲得樂趣。如果你可以把工作當成是一種享受的話，你怎麼可能去介意你做了這件事情之後會不會得到應有的報酬呢？因為你在工作的過程中就獲得了快樂。對於你來說，工作是一件很幸福的事情。

再者，在一個團隊內部，工作就是大家的工作。雖然每一個人有角色分工的不同，但都是為了完成一件事情而努力。大家都積極努力一些，就能早一些完成工作，就能把工作做得更好一些。如果大家都推三阻四，那麼完成任務可就遙遙無期了。

總之，對於做得多、做得少、做得辛苦、做得輕鬆，我們最好還是不要放在心上。即使我們想再多，該由我們來完成的事情，還是要由我們來做。我們並不會因為工作多付出一點點而失去什麼，相反地，工作本身會用它的方式來回報我們的。工作是大家的工作，比自己的同事多做一點，又有什麼大不了的呢？既然我們選擇了這份工作，就應該將我們全部的精力傾注到工作中去，並以此來獲得快樂。

老闆並不是你的敵人

現今社會到處充滿競爭，謀求個人利益、實現自我的價值，是天經地義的事情。但令人遺憾的是，我們身邊有許多人還沒有意識到：個人的發展、實現自我的價值與敬業、忠誠並不矛盾，相反地它們還相輔相成。我們身邊有許多年輕人，一直以隨隨便便的態度工作，他們頻繁跳槽，在他們看來，所謂的工作就是出賣勞動力，他們蔑視敬業精神，諷刺忠誠，並把敬業、忠誠看成是老闆絞盡腦汁剝削下屬的手段。他們認為自己之所以工作，無非是迫於生計的需要。

俗話說：「我工作是為了生計，而在我看來老闆與自己有不可調和的矛盾，有時我甚至認為老闆就是自己最大的敵人。」在某些人的觀念裡，老闆是自己的敵人，可是結果又如何呢？自己就算有很強的工作能力，可是工作了許多年仍得不到晉升，他的老闆對此說道：「不可否認你有很強的能力，我們也曾考慮過重用你將你升到更高的職位，但我們沒有那樣做，因為他缺乏敬業與忠誠。」

對於老闆來說，公司要更好生存與發展，需要員工的敬業與忠誠；而對於員工來說，需要的是得到物質上的豐厚回報與精神上的成就感。從表面看來，這兩者是對立的、矛盾的，但是，你要看得更深刻一些，這兩者又是和諧統一、相輔相成的。公司要更好地生存與發展，必須擁有業務能力強且忠誠的員工；而員工要實現自身的價值、獲得更多的個人利益，則必須藉助公司的業務平台才能實現。

為了自己的利益，每個老闆只保留那些最佳的員工——那些敬業、忠誠的人。同樣，為了自己的利益，每個員工都應該意識到自己與老闆的利益是一致的，要得到更好的發展、獲得老闆的信任，必須全力以赴地工作。

在現實生活中你能看到，許多公司在應徵員工時，除了能力以外，個人品行是最重要的評估標準。沒有良好品行的人不能用，也不值得培養，因為他們根本無法自動自發地工作。顯而易見：如果你為一個人工作，真誠地、負責地為他工作，他肯定不會虧待你，你將獲得豐厚的回報。他讓你得以溫飽，解決了生計問題，你就應該稱讚他，感激他，支持他的立場，並和他站在一起。

或許你的老闆是一個心胸狹隘的人，他對你的真誠不屑一顧，甚至懷疑你對他的忠誠，在這種情況下，你也不必與他對著幹，把他看成你的敵人，此時你有兩條路可以選擇：一是主動離開，「良禽擇木而棲」，你可以選擇更好的老闆；二是不去介意老闆對你的評價，你只要做好自己的工作就可以了。

相比而言，後一種選擇應該更明智一些。老闆並不是一個十全十美的人，他也有缺陷，也可能因為太主觀而無法對你做出客觀的判斷。這個時候你不應該冒然地離開，你應該學會自我肯定。只要一如繼往地做好自己的工作，做到問心無愧，你的能力一定會提高，你的經驗一定會豐富，你的心胸也會變得更加開闊。

「老闆是靠不住的！」這種說法雖然有一定的道理，但是，這並不意味著老闆與員工從本質上就是對立的。相處久了，老闆與員工還是有一定感情的，理智地處理好各種事情，才能讓彼此之間的情感保持穩定，也只有這樣，老闆與員工的關係才能和諧統一。在一個管理嚴格、制度健全的公司，任何升遷都是憑藉個人努力得來的。想摧毀一個組織的士氣，最好的方式就是製造「只用心計才能得到升遷」的工作氛圍。管理完善的公司升遷管道暢通，有工作能力的人都有公平競爭的機會，只有這樣，員工才會覺得自己是公司的一分子，才不會認為自己跟老闆是對立的，才會把自己的利益與公司的利益看成是一致的。

所以，員工與老闆是否對立，既取決於員工的觀念，也取決於老闆的做法。聰明的老闆會給員工公平的待遇，而理智的員工也會以敬業、忠誠來報答自己的老闆。

學習老闆的優點

一個優秀的老闆會讓你終生受益。

志明說：「以前我遇到過一個優秀的老闆，他教會了我怎樣去做生意，也教會了我怎樣與別人相處，不久以後，我的工作能力得到了提升，我在公司的職位也得到了相應的提升。但是，老闆的賞識卻為我帶來了很多的煩惱，公司裡的同事在背後譏諷我，他們說我之所以能夠升職，是因為我善於拍老闆的馬屁，他們還說我是時時刻刻模仿老闆才會受到重用。這讓我很難過，我傷心地離開了那裡。」

志明所說的問題，是生活中許多人都會遇到的。可惜的是志明沒能冷靜地對待問題，或者應該說志明犯了一個觀念上的錯誤，沒有意識到「學習老闆的優點」是極其正確的行為。

要知道，模仿比從其他方式所學到的知識要方便、有效，很多人首先是經過細心觀察，然後才去模仿別人的一言一行。你不得不承認，你的言行舉止很大部分是從你最親近的人模仿而來的。因此，向老闆學習無可厚非，不是因為他是老闆，而是因為他優秀。對此，多年來擔任世界五百強多家企業的諮詢顧問和面試官的專家深有感觸：

幾年前，我的兩位學生先後來找我，他們希望我能夠就他們大學畢業後的就業問題給予一定的指導。在我的印象中，他們都是非常優秀的年輕人，學習成績很好，性情也相同，像他們這樣的條件，不愁找不到工作。此時我有一位朋友辦了一家小型公司，他委託我幫他選一個靠得住的人做他的助理，於是我讓我的這兩個學生去他那裡面試。

第一個前去面試的學生名叫少康，過了幾天，他打電話給我，很氣憤地對我說：「你那個朋友的工作要求實在無法令我接受，萬萬沒有想到，他開給我的月薪是四萬台幣，我當然不同意為他工作了。如今，我找到了一份新的工作，月薪是六萬台幣。」

後來去的學生名叫阿倫，雖然我的那位朋友只給他開出四萬台幣的月薪，雖然阿倫還有更多賺錢的機會，但他最後卻接受了這份工作。我問阿倫為什麼願意接受這份月薪不高的工作，阿倫的回答是這樣的：「沒有人願意拒絕高薪的工作，可是透過我對你朋友的了解，我發覺他是一個很有能力的人，我個人認為，只要認真跟著他做，就能夠從他身上學到很多東西，這樣就算是薪水再低一些，我認為也是值得的。我還覺得在那裡工作將會前途無限。」

最後的結果是這樣的：那位叫少康的學生當時在另一家公司的年薪是七十二萬台幣，如今他就算是拚命工作也只能賺到一百萬台幣。然而那個最初年薪只有四十八萬台幣的阿倫，現在輕輕鬆鬆就能夠賺到兩百萬台幣，而且還能分到紅利。

那麼，少康與阿倫為什麼會有如此大的差異呢？原因就在於，少康被最初的賺錢機會給矇蔽了，但是阿倫卻能理智地從能學到最多東西的觀點來考慮自己該選擇什麼樣的工作。

的確，生活中很多年輕人在選擇工作的時候，非常看重「月薪多少」、「工作環境好壞」、「福利待遇高不高」、「有沒有假期」、「什麼時候可以加薪」。很多人如此盲目地選擇工作，這讓人感到很驚訝。絕大多數人一直沒有重視這樣一個問題——哪些人能夠對我將來要從事的工作進行有意義的指導？在工作中學習到了本領，累積了豐富的經驗，你的前途才會無量。

然而，或許是心懷不滿，或許是長期以來的利益衝突，我們一直對那些時時刻刻督促我們工作的老闆——最值得我們學習的人視而不見。要知道，他們之所以能夠成為我們的主管，必定有我們所不具備的優勢。聰明的員工會時時刻刻仔細觀察他們的言行舉止，會留心作為一個管理者所必須掌握的知識以及必須在哪些方面累積豐富的經驗。透過這樣的學習，工作能力才可能得到提升，才會在自己獨立創業的時候做得更好。

以前人們對這一點認識得很清楚。做徒弟的必須長時間耐心地跟著師長學習，才能學到本領，入門不久的藝人不惜花費時間和功成名就的藝術家相處——無非都是藉著協助與模仿，得以觀察成功者的做事方式。隨著時代變遷，這種學徒關係遭受到了嚴重破壞，與此同時，老闆與員工的學習關係也遭受到了嚴重的破壞。利益衝突使老闆和員工之間產生了隔閡，他們之間的關係變得越來越惡劣。陰錯陽差之間，很多人漸漸喪失了學習能力，員工不把老闆看成是學習的對象，老闆也不希望員工學到自己的本領，這是一個可怕的惡性循環。

想盡辦法去為那些成功人士做事，多與他們接觸，目的就在於能從他們的身上學習到更多東西。留心老闆的言行舉止以及他們的做事方式，你將會發現他們與一般人有著不同的地方。要是你能做得像他們一樣，或者做得比他們還要好，你的能力就能得到相應的提高。

第四章　做心靈的主人，掌握自己的命運

心態——情感波動的曲線。積極的心態，會使人每天如沐春風、鬥志昂揚；消極的心態，則會使人眉頭緊鎖、垂頭喪氣。做自己心靈的主人，讓快樂永遠相伴，你能透過心靈掌握自己的命運。

你可以控制自己的心靈，並透過心靈掌握自己的命運，命運的優劣取決於你對自己心靈下達的指示。在生活中，有成功也有失敗，你回憶往日的成功，也會獲得今天成功的信心；你回憶往昔的失敗，你就會毀掉自己。沒有人真正需要為你的失敗負責，因為失敗是你的消極心態造成的。

拿破崙．希爾博士透過對五百名偉大成功者的觀察和研究發現了一個奧祕：每個人的心靈都有一個法寶，它像硬幣一樣具有兩面性，正面寫著「積極心態」，反面

寫著「消極心態」。這個法寶的力量令人吃驚。積極心態讓人積極進取，創造成功；消極心態卻讓人絕望而平靜地生活，永遠沒有改變命運的機會。

積極的心態必是正確的心態。正確的心態總是具有「正向」的特點，例如：忠誠、仁愛、正直、希望、樂觀、勇敢、創造、慷慨、容忍、機智、親切和高度的通情達理。具有積極心態的人，總是懷著較高的目標，並不斷奮鬥，以達到自己的目標。

消極的心態則具有與積極心態相反的特點。如果說，積極是人類最大的法寶；那麼，消極就是人類致命的弱點。如果不能克服這一致命的弱點，你將失去希望之所在，便會悲傷、寂寞、煩躁、頹廢、痛苦，世界將因此毀滅。

令人略感寬慰的是：這兩種心態的力量都不會主動爆發，必須隨人的主觀願望來實施。因此，克服消極心態是可能的。辦法很簡單，就是永遠把法寶的正面翻出來，激勵自己去爭取成功。

充分運用積極心態的力量

事業或學業成功的人，往往都能夠充分地運用積極心態的力量。人人都希望成功會不期而至，但絕大多數人並沒有這樣的運氣或條件。就算有了這些條件或運氣，我們也可能感覺不出來。很明顯的東西往往容易被人忽略，每個人的積極心態就是他的長處，這是毫不神祕的東西。

美國聯合健康保險公司有一位業務員，他很想當公司的明星業務員，因此他不斷從勵志書籍和雜誌中培養積極的心態。有一次，他陷入了困境，這是對他平時進行積極心態訓練的一次考驗。

那是一個寒冷的冬天，他在威州一個城市裡的某個街區推銷保險單，但卻還沒有一次成功。他自己覺得很不滿意，但當時他這種不滿是積極心態下的不滿。他想起過去讀過一些保持積極心態的法則。第二天，他在出發之前對同事講述了自己昨天的失敗，並且對他們說：「你們等著瞧吧，今天我會再次拜訪那些顧客，我會賣出比你們售出總和還多的保險單。」

基於這個信念，回到那個街區，又拜訪了前一天與他談過話的每個人，結果賣出了六十六張新的保險單。這確實是了不起的成績，而這個成績是他當時所處的困境帶來的，因為在這之前，他曾在風雪交加的天氣裡挨家挨戶走了八個多小時而一無所獲。但艾倫能夠把這種對大多數人來說都會感到的沮喪，變成第二天激勵自己的動力，結果如願以償。

人的心態隨著環境的變化，自然地形成積極和消極兩種。思想與任何一種心態結合，都會形成一種「磁性」力量，這種力量能吸引其他類似的或相關的思想。

這種由心態「磁化」的思想，好比一顆種子，當它培育在肥沃的土壤之中時，會發芽、成長，並且不斷繁殖，直到原先那顆小小的種子變成了數不盡的同樣種子。

這就是心態之所以產生重大作用的原因。積極的心態，能夠激發起我們自身的所有聰明才智；而消極的心態，就像蛛網纏住昆蟲的翅膀、腳足一樣，束縛我們才華的光輝。有一首詩對此有著這樣的描述：

如果你認為被擊敗了，
那你必定被擊敗。
如果你認為不敗，

那你必然不敗。

如果你想勝利，但你認為你不可能獲勝，

那麼你就不可能得到勝利。

如果你認為你會失敗，

那你就已經失敗。

科林．鮑爾是牙買加移民的兒子，他從布朗克斯的街巷裡走出來，最終成為參謀長聯席會議主席和美國最受尊敬的人之一。在他的暢銷書《美國之路》中，他列舉了三十條他嚴格恪守的生活準則，其中有不少展現了樂觀主義的基本價值，很受人們的讚賞。它們包括：

千萬不要把事情想像得那麼糟，也許明天早晨它就會有轉機。

這事能做！

不要讓任何不利的事情來妨礙你做出一個好的決定。

不要向自己的恐懼退讓，也不要輕易向對手妥協。

永遠的樂觀主義，是一個力量的增幅器。

像鮑爾這樣的樂觀主義者，總是相信權力和控制出於他們自身，這是成功者的思想與信念。所以，凡事別氣餒，要學會自己為自己製造「天氣」。只有積極地發掘你內在的因素，你才會發現更多、收穫更多。

以明朗的心情工作

卡內基說：「人生的最大生活價值，就是對工作有興趣。」做同一件事，有人覺得做得有意義，有人覺得做得沒意義，其中有天壤之別。做不感興趣的事所感覺的痛苦，彷彿置身在地獄之中。愛迪生曾說：「在我的一生中，從未感覺在工作，一切都是對我的安慰。」

我們對工作不再興致勃勃時，就會產生職業倦怠。職業倦怠不是說來就來的，而是由日常工作中的挫折、焦慮、沮喪，日積月累而成。職業倦怠和挫折、焦慮、沮喪的差異在於，後者發生頻率較高，時間也持續較長。喪失鬥志的你對疾病的抵抗力減弱，睡眠時間相同卻總覺得不夠，注意力也愈來愈不能集中，到最後乾脆放棄嘗試、什麼也不在乎了，工作變得沒有意義，甚至，人生也沒有什麼價值可言。

想要趕走倦怠而變得興致勃勃，說的要比做的容易多了。原因在於大多數人覺得為了工作有效率，他們必須有所激勵，但是很少有人了解激勵與工作表現互為因果。如果你能強迫自己努力工作，而達成一些初期的成功目標後，就會發現工作愈做愈有興致。

暫時把只會挑毛病的老闆、難伺候的顧客、永遠辦不完的公事、薪資少、工作無聊和沒人肯定自己等不快的事丟在一邊。等你恢復工作意願，更有能力接受挑戰時，這些剝奪你信心和自制力的外力，還是會屹立如昔，等待接受你的挑戰。

現在你最需要的是重新掌握你的人生，把過去這幾個月或幾年中耗盡的精力再找回來。下面是幾個實用的方法：

先設定一個目標

最好先設定一個小目標，因為這樣成功的機會比較大。事實上，你應該把自己設定在成功者的位置上。所以，你的目標應該要明確，可量化，並能在一定期限內完成。目標的達成可令你重拾信心，再朝另一個目標前進。

控制壓力因素

當動物或人類遇到威脅時，不外有下列兩種反應：攻擊或逃走。身為職業倦怠的受害者，你已經失去了反擊或辭掉工作的動機。一方面覺得無聊、沮喪、懶洋洋；但另一方面壓力卻不斷升高。表面看來，你似乎屈服於現狀，但在你體內，壓力卻大肆上升，讓你疲憊不堪。要減少壓力，首先須找出焦慮來源，並採取必要步驟，以重新掌握你的人生。

找朋友幫忙

你可能不願意這麼做，但是當你產生倦怠時，朋友常能適時伸出援手。找你最信任的朋友，把所有感受和你的復原計劃都告訴他。如果他真是你的知己，就會提醒你善加運用自己已遺忘的重要特質，來增強你的自信。他也可能提出過去處理類似狀況的經驗，供你參考。但有些人會認為，只要專心傾聽就行，所以如果他沒有提供任何建議，你不妨開口問他的意見，你的朋友會覺得受到重視，而你則會有更多意見可以參考，至於你們的友誼，就更加穩固了。

轉移焦點

許多工作內容都是因主事者而定的，而新人通常被要求依照前人的方式來工作。時時提醒自己，你不是被雇來複製別人的行為，而是來解決問題的。找出問題，看看你是不是能想出不同的解決方法。也許這份工作的彈性比你想像得大，或許你可以把工作變得更符合你自己。

設定優先順序

把你的工作內容全部列成清單，然後把這些工作按：「比較重要」、「重要」、「較不重要」分級。接下來再看看哪些「較不重要」的工作可以刪除不做，或授權給更適合的人來做。再將「比較重要」及「重要」的工作分出優先順序。不要死板地把「比較重要」的工作列為優先，把「重要」的工作擺在後面。開始可以從「比較重要」的工作做起，接下來就可以挑一個喜歡的工作來做，而將後者視為完成第一項工作的獎勵。

接受新的責任

如果工作已經變得無聊，你大概就不再能獲得什麼挑戰了。把因為刪除或轉移「較不重要」的工作而多出來的時間，拿來從事職責之外或目前沒有專人處理的工作。找一些對你有挑戰，而且你極有興趣的責任來承擔。不要讓別人捷足先登，而且要適時向相關主管展現績效。

繼續工作

許多專家建議面臨職業倦怠的上班族辭去現有工作，另找一份更適合自己的工作；但是如果你得靠那份薪水養家餬口，就知道這個建議不是那麼容易達到了。就算你真的找到另一份工作，也無法保證它一定比目前的工作好。比較合理、實際、負責的做法是，找出目前這個工作讓你產生倦怠的原因。假使問題能加以改善，也許你就不需要另棲良枝了。不過，如果你已經換了另一個工作，那就努力避免類似問題再度發生吧！

換工作前先換一下心情

當你萌生另起爐灶、轉換門庭的念頭時，不妨先轉換一下自己的心情，以新的角度審視自己的公司、自己的工作和自己的老闆，或許離職的想法會就此打消。

成功者的告誡是，在離職之前再好好反省一下，應該從自己身上找原因，適當地轉換一下自己的工作態度，重新認知自己所從事的工作，這也許是解決問題的好辦法。

調查研究發現，做出更換工作的決定不外乎以下幾種，你對照一下自己是屬於哪一種，找到問題的癥結所在，然後及時地調整和改變自己。

薪水太少

你必須明白，你拿的薪水跟你做出的貢獻是成正比的，假如你一直努力工作、積極進取、忠誠公司，你的老闆一定不會對你不屑一顧。相反地，他會很器重你，要調漲你的薪水是很容易的事情。另外，你除了要計算像薪水這種有形收入外，還得計算一下那些無形的收入，例如良好的人際關係、工作培訓以及豐富的工作經驗等等，這些也是你的財富。

在公司裡懷才不遇

你認識到自己有哪些專長嗎？你了解你自己的興趣嗎？你在公司裡還有沒有機會進一步得到發展？你不要掩飾這些客觀存在的問題，你不僅要捫心自問，還要好好地跟老闆交流溝通。如果你恃才傲物，目中無人，不能讓老闆肯定你、欣賞你，那麼你的才能最終只會被自己埋沒。要想發揮你的才能，只有跟老闆共同努力才能得以實現。你要有敬業精神，專心致志地做好每一件事，才能得到更多的發展機會。

自己的能力未受到肯定

有時候我們常常會過高地評估自己的能力，時常感嘆自己大材小用。認識不到自身的價值，你很難在職場立足。經常跟老闆談談自己的奮鬥目標，培養自己做大事的能力，你就有可能取得成功。

工作時間太長

首先你要捫心自問是不是自己的工作能力太差，然後再思考是不是工作量太大？若發現是自己的工作能力太差，就應該努力提高自己的工作水準，虛心地學習工作技能，讓自己得以提升。要是發現工作量太大，你就應該心平氣和地跟老闆好好談談，說出自己對工作的意見和解決這個問題的辦法。逃避不能解決任何問題。

厭惡公司的職場氣氛

你有沒有想過問題是出在自己身上？是不是自己心胸太過狹窄，還是公司的工作氛圍實在太差？要是你不能從心理上解決這一問題，不管你換到什麼公司都不能心平氣和地工作。在公司裡人際關係惡劣，為什麼就不能嘗試著改變一下自己，或者試著去適應別人。不要總是站在自己的角度看待問題，這樣的話，吃虧的最終還是你自己。試著讓自己心胸寬廣一點，要知道，「退一步，海闊天空」。

教育訓練不足

任何工作都有它的挑戰性，有壓力是必然的。在工作中能否提升自己，教育訓練並不起著決定性的作用，起著決定性作用的是你的工作態度。沒有人願意去接受那些死板的教育訓練，而拒絕跟一個英明的老闆、一群充滿工作熱情的同事相處。

晉升管道僵化

近期公司裡有沒有人得到晉升？為什麼自己總是得不到晉升的機會？難道是老闆看你不順眼？還是你自己工作能力太差？不要在背後議論別人的是非，也不要認為得到晉升的人比自己更會拍老闆的馬屁。你應該反思自己哪些方面還做得不夠好，學習別人的優點，摒棄自己的缺點，端正心態，努力工作。

交通不便

為什麼不能起得更早一點呢？為什麼不改變自己睡懶覺的習慣呢？為什麼每天睡得那麼晚？不錯，人是有懶惰心理的，但工作的時候，是不應該有這種心理的，付出了才會有回報，要想成功就必須積極進取，努力工作。令人感到不可思議的是，很多人不是以工作中心來適當地更換居住地點，而是以居住地為中心來找工作的。

對行業前景和公司未來感到不安

要知道，經濟環境好的時候，也有公司會賠錢，經濟環境不好的時候，也有公司能賺到錢。公司或行業的前景好不好不是妄加猜測出來的，而是需要理智而又專業的判斷。行業的前景不好不應該成為不好好工作的理由。不管什麼時候，只要你擁有出類拔萃的技能，你就能找到立足之地。而在經濟環境惡劣或者公司效益不好時，最能展現員工的素質。

不把情緒帶到工作中

在工作之外，我們每一個人都還有自己的生活。個人生活與工作比起來，更加地紛繁複雜。我們的生活中每天都有事情不斷地發生，這些事情在很大程度上影響了我們的心情。

生活不如意，家庭不和睦，朋友之間反目，愛情煙消雲散，這種種的事情對我們的情緒產生了不同程度的干擾。由於這些事情關係到我們的家人，我們的朋友，我們所愛的人以及我們自身，所以常常會使我們的情緒陷入混亂，而在某一時刻迷失了方向。

你一定有過因為這些事情，而無法集中精力工作的時候，一定有過因為受到情感上的打擊，而在工作中錯誤百出的時候，在這個時候，我們又能夠怎麼辦呢？

有的人採取的是「任勞任怨」做法。他們用工作壓力壓制了極度糟糕的情緒。他們不分晝夜地工作，為的就是用工作的壓力來使自己沒有時間去考慮那些令人難過的事情。

儘管很多人採取這樣的做法，而且成效不錯。一段時間後，辛苦的工作使他們精疲力竭，而在這個過程中，他們也漸漸撫平了自己的創傷，他們又可以恢復到正常的工作生活之中。但是我們對於這種做法有保留意見，因為，這也是把生活中的情緒帶到了工作之中去，只不過與那些消極的做法相比，它貌似積極罷了。

事實是，在這樣的狀態下，人是不可能平和而有條不紊地工作的，任何一點小小的意外或是不如意，都可能成為一個破壞點。所以，這是極度危險的。一旦在工作中遇到了挫折，就可能導致整個人意志的崩潰。更何況，在這樣的狀態下，一個人是不可能全神貫注地工作的，即使他用再大的壓力壓制自己，他內心中的那個心結還是存在的，「解鈴還須繫鈴人」，說的不就是這個道理嗎？最終解開他心結的並非是瘋狂的工作，而是時間。工作只不過是他所藉助來打發時間的一種手段罷了。在這樣的情況下，能夠產生高效率的工作嗎？

當你的情緒陷於不穩定的時候，我們還是建議你放下手頭的工作，讓自己的世界變得越簡單越好。收拾自己的心情，整理自己的狀態，帶上你應該帶的，放下你應該放下的，然後再開始工作，這樣才是最好的。

當然，我們也不能時不時地來一次情緒波動，隔三差五地就要「休養生息」。我們應該嘗試著克制自己不被一些瑣碎的事情打擾，因為再優秀的我們也難免庸人自擾。其實很多事情並不如我們想像的那樣，是我們自己主觀的情緒為它們加上了太多的悲情色彩。所以當你再次陷入感傷的時候，提醒自己：今天的工作時間已經過去了一半，而我還有一大堆的工作要做，多愁善感的時間到此為止吧！

掃除自卑的心理障礙

據統計，世上有百分之九十二的人是因為對自己信心不足，而無法走出生存的困境。這種人是如此地脆弱，以致於毫無信心去經歷風雨。這就是說，缺乏自信，而在自卑的泥淖中爬來爬去，是這些人最大的生存危機，如果不能從自卑中掙脫出來，那麼就成不了一個能克服危機的人。

自卑是一種消極自我評價或自我意識，即個體認為自己在某些方面不如他人而產生的消極情感，是一種危機心態。自卑感就是個體把自己的能力、品行評價貶低的一種危機自我意識——具有自卑感的人總認為自己事事不如人、自慚形穢、喪失信心，進而悲觀失望、不思進取。一個人若被自卑感所控制，其精神生活將會受到嚴重的束縛，聰明才智和創造力也會因此受到影響而無法正常發揮作用。所以，自卑是束縛創造力的一條繩索。

那怎樣才能克服自卑的心理呢？

在心理學上，克服自卑心理主要是透過補償的方法。自卑心理的補償有自覺與不自覺、積極與消極之分。比如，有的人明知自己沒有多大本領，卻故作姿態，藉以彌補自己內心的空虛，顯然，這樣的補償方法是不可取的，下面幾種才是積極可取的方式。

(一) 當知道自己在某方面有缺陷、不如人的時候，熱愛生活、想成為生活強者的人，會懂得「以勤補拙」，懂得「笨鳥先飛」的道理。而要做到這一點，自信心很重要。因為只有自己相信自己，樂觀向上，對前途充滿信心，並積極進取，才是消除自卑、促進成功的最有效補償方法。

(二) 一個人成功經驗越多，他的期望也就越高，自信心也越強。可見，透過一次又一次微小的成功，可以使自信心得到增強和昇華。對於自卑的人來說，重要的是建立起符合自身實際情況的「抱負水準」，增加成功的經驗。這可以由小做起，確保首次努力的成功，形成良性循環。如果已遇到困境，感到自卑時，則可改做一件比較容易成功，或者自己願意並有興趣的活動或工作，以便增強信心，免除自卑。

(三) 俗話說「尺有所短，寸有所長」、「金無足赤，人無完人」。每個人都有長處與短處，因此不能只看自己短處不看長處。積極的態度是揚長避短，以「長」補「短」。這一方面不行，也許另一方面比別人強。

(四) 多讀些有關名人成功的書籍，尤其是那些曾被自卑感困擾的名人事跡，從中獲得克服困難的經驗，進而鼓勵自己增強自信，發揮所長，集中精力，矢志不移地達到目標。這樣，自卑心理也會不驅而散。

（五）日本精神療法研究所所長小林英夫認為，此法能充分運用潛能抑制自卑感。方法是：配合腹式呼吸，集中想想自己的長處。例如想想小學時期那些令人高興的讚美，就擁有越多的自信。不要羞於承認自己的長處，以零為基點，不斷去增添它。

人在考慮事情時，往往會有多方面的聯想力，特別是看到某些較具紀念價值的物品，會想到很多往事。例如，看到獎盃，會想到自己當初獲得勝利時的種種情況；而照片有著更加強烈的增強記憶力量，可以喚起往日的回憶。

可以隨身帶著自己最滿意的照片，在情緒低落的時候，把它作為改善心情的恢復劑。特別是自己神采飛揚、意氣風發或滿面春風、歡愉喜悅的照片，更能激勵自己，想起自己原來也有著這麼光彩美麗的時刻，便會找回自信。

自卑的人總覺得自己事事不如人，因為他們很少有成功的感覺，更不知自信是什麼，只知所有人和事時時給他出難題。

自卑是自己對自己沒有信心，對自己才華的否定。要想有所作為，必須掃除自卑的心理阻礙，克服了自卑心理，就好比征服了一座大山，希望和一切美好的事物都在山的那一邊。

抑制浮躁的心態

凡是成大事者，都力戒「浮躁」二字，希望透過自己踏踏實實的行動換取成功的人生局面。同樣，任何一位試圖成大事的人都要抑制住浮躁的心態，專心做事，才能達到自己的目標。

事情往往就是這樣，你越著急，你就越不會成功。因為著急會使你失去清醒的頭腦，結果在你奮鬥的過程中，浮躁占據著你的思維，使你不能正確地制定方針、策略以穩步前進。

只有正確地認識自己，才不會盲目地讓自己奔向一個超出自己能力範圍的目標，而是踏踏實實地去做自己能夠做的事情。

當目標確定，你就不能性急，而要一步一個腳印。

如果能把浮躁的心態稍稍收斂，使它變成一種渴望，一種對成功的渴望，那麼，這種浮躁就是有用的，而你也必定能帶著它走向成功。

當你控制了浮躁，你才會吃得起成功路上的苦，才會有耐心與毅力一步一腳印地向前邁進，才不會因為各式各樣的誘惑而迷失方向，才會制定一個接一個的小目標，然後一個接一個地達到它，最後走向大目標。

要抑制住浮躁的心態，你需要注意以下幾點：

不可好高騖遠

好高騖遠，指那種不切實際地追求過高或過遠目標的心態。好高騖遠者往往總盯著很多很遠的目標，大事做不來，小事又不做，最終空懷奇想，落空而歸。一個人能力有大小，要根據能力大小去做，去確定目標，去確立志向。如果客觀條件不允許，那麼，自己就該實事求是，確定出合適的發展目標。否則一味追求高遠，不考慮可行性，就永遠也不可能成功。

不要讓個性僅表現為一種脾氣

時下一句流行的格言是：走自己的路，讓別人去說吧！

我們必須注意：不要使張揚個性成為我們縱容自己缺點的一種漂亮的藉口。社會需要我們創造價值。社會首先關注的不是我們具有什麼樣的個性，而是我們具有什麼樣的工作品質。如果我們的工作品質是有利於創造價值的，我們就會受到社會的歡迎；否則，我們就會受到社會的冷淡。個性也不例外，只有當你的個性有利於創造價值，是一種生產型的個性，你的個性才能被社會接受。

巴頓將軍的性格粗暴，他之所以能被周圍的人接受，原因是他是一個優秀的將軍，他能打仗，否則他也會因為性格的粗暴而遭到社會的排斥。

所以我們應該明白：社會需要的是生產型的個性，只有你的個性能融合到創造性的才華與能力之中，你的個性才能夠被社會接受，如果你的個性沒有表現為一種才能，僅僅表現為一種脾氣，它往往只會為你帶來不好的結果。

拒絕誘惑

日常生活中會有種種的誘惑。

首先是市儈的誘惑。你會發現有一些人並不好好地工作，他們把大多數時間花費在怎樣討好主管，怎樣拉關係、走後門，他們居然混得不錯，起碼比你強。

你會發現有人用特殊的手段謀得一個職位或者致富。

你會發現有人使一個國有企業破產，而自己卻成了有錢有勢的人。

你會看到這些人根本不把我們所珍重的價值觀放在眼裡，而他們居然很得勢。

在任何時代裡，總會有一些人雖破壞規則卻暫時得勢，希望你不要羨慕他們。因為規則的失去總是暫時的，規則總是要回到人群之中的。那些我們世代相傳的價值觀念，諸如勤奮、誠實、敬業等等，是我們永遠的立身法則。

節制慾望

慾望與人生命運息息相關，因為慾望對人生命運的影響有正負兩面，這正負兩面就決定了人生命運的不同走向。

適當的積極向上慾望可以催人奮進，一步步走向更大的成功，而透過非法的、不正當的手段所實現的享樂慾望，則推動人生走向墮落、邪惡，甚至成為罪犯，喪失生命。

由此可見，人的慾望一半是天使，一半是魔鬼，天使與魔鬼背對背，一轉身就可能是截然不同的兩種結局。慾望變化多端，令人難以自持，所以我們說，即使是正當的慾望，有時候也要加以節制，否則，猶如煮飯的火，過旺了就會將飯燒焦。

總之，無論做什麼事，浮躁之下很難有所作為。為了不浮躁，我們還得耐煩一些，靜下心來，正確地認識自己，冷靜地把握機會，以長遠的眼光選擇適合自己的目標和道路。只有如此，我們才能踏踏實實地做好每一件事，成就自己的事業。

堅決將憂鬱拋棄

憂鬱是嚴重制約人成功的性格之一，這種性格的特點是對任何事物都無興奮可言，只是用壓制、消極的態度去對待。具有這種個性的人，心理內向，甚至冷漠，往往鑽牛角尖。成大事者善於消除憂鬱，用一種積極樂觀的態度去面對生活、選擇生活、創造生活。同時開放自我，最大程度地吸收新的東西，在自己鍾愛的事業上全神貫注，積極做到盡善盡美。

憂鬱有百害而無一益，因此，我們必須堅決將其拋棄。走出憂鬱的錯誤，我們需要做到以下幾點：

合理安排日常生活

憂鬱的人對日常必須的活動會感到力不從心，因此，我們應該對這些活動進行合理安排，以使它們能一件一件地完成。以臥床為例，如果躺在床上能使我們感覺好些，躺著無疑是一件好事，但對憂鬱的人來說，事情往往並非這麼簡單。他們躺在床上，並不是為了休息，而是一種逃避的方式，因為沒有應當做的事。我們會為這種逃避而感到內疚、自責，並且，躺著使我們有更多的時間思考自己的困境。床看起來是安全的地方，然而，長此以往，我們的誤解會更加糟糕。因此，最重要的是，努力從床上爬起來，按計劃每天做一件積極的事情。

換一種方式思維

對抗憂鬱的妙法之一，就是有步驟地制定計劃，儘管有些麻煩，但請記住，你正訓練自己換一種方式思維。

現在，儘管令人厭倦的事情沒有減少，但我們可以計劃做一些積極的活動，即那些能為你帶來快樂的活動。例如，如果你願意，你可以坐在花園裡看書、外出訪友或散步。有時憂鬱的人不善於在生活中安排這些活動，他們把全部的時間都用在痛苦的掙扎中，一想到衣服還沒洗就跑出來，便會感到內疚。其實，我們需要積極的活動，否則，就會像不斷領取銀行的存款卻不儲蓄一樣。積極的活動相當於你有銀行裡的存款，哪怕你所從事的活動只能為你帶來一絲絲的快樂，你都要告訴自己：我的存款又增加了。

憂鬱者的生活是機械而枯燥的。有時，這似乎是不可避免的。解決問題的關鍵，仍然是對厭倦進行診斷，然後逐步戰勝它。

憂鬱者常感到與人隔絕、孤獨、閉塞，這是社會與環境造成的。情緒低落是對枯燥乏味、缺乏刺激的生活的自然反應。

懂得珍惜

很少有憂鬱的人能夠意識到自己其實並非一無所有，他們整天意志消沉、暴躁易怒，其實你大可不必如此，也許你為失去了什麼而傷心、生氣，但你仍擁有令人羨慕的一切，你健康的身體，你的家庭，你所有的朋友等等這一些，都是你的財富，你千萬不能再憂鬱下去，否則，你很有可能失去這一些最美好的東西。塞繆爾·詹森曾說過：「凡事往好的一面去想，這種習慣比收入千金還要寶貴。」你需要做的是珍惜眼前擁有的一切，改變態度，繼續努力。

克服憂鬱中的自責

憂鬱的時候，我們感到自己對消極事件負有極大的責任，因此，我們開始自責。這種現象的原因是複雜的，有時，自我責備是從家庭中習得的，在我們小時候當家裡出現問題時，受到責備的常常是我們。

憂鬱者的自責是徹頭徹尾的。當不幸事件發生或衝突產生時，他們會認為這全是他們自己的錯。這種現象被稱作「過分自我責備」，是指當我們沒有過錯，或僅有一點過錯時，我們出現承擔全部責任的時候，跳出圈外，找出造成某一事件的所有可能原因，會對我們有較大的幫助。我們應當學會考慮其他可能的解釋，而不是僅僅責怪自己。

讓憤怒之情立即化為烏有

動輒憤怒是很多人的習性，這有礙於辦成事、做大事。

我們每個人都避免不了動怒，憤怒情緒也是人生的一大錯誤，是一種心理病毒；它與其他病一樣，可以使你重病纏身，一蹶不振。也許你會說：「是的，我也明知自己不該發怒，但就是控制不住自己。」若你是一個欲成大事者，你就應該注意，能不能消除憤怒的情緒與你的情緒控制能力有關。

其實，並非人人都會不時地表露自己的憤怒情緒，憤怒這一習慣行為可能連你自己也不喜歡，更不用說他人感覺如何了。因此，你大可不必對它留戀不捨，它不能幫助你解決任何問題。任何一個精神愉快、有所作為的人都不會讓憤怒跟隨自己。

憤怒既是你做出的選擇，又是一種習慣。它是你經歷挫折的一種後天性反應。你以自己所不欣賞的方式消極地對待與你的願望不相一致的現實。事實上，極端憤怒是精神錯亂——每當你不能控制自己的行為時，你便有些精神錯亂。因此，每當你氣得失去理智時，你便暫時處於精神錯亂狀態。

與其他所有情感一樣，憤怒是大腦思維後產生的一種結果。它不會無緣無故地產生。當你遇到不合意願的事情時，就告訴自己：事情不應該這樣或那樣，於是你感到沮喪、灰心；然後，你便會作出自己所熟悉的憤怒反應，因為你認為這樣會解決問題。只要你認為憤怒是人的本性之一部分，就總有理由接受憤怒情緒而不去改正。但只要你不去改正，你的憤怒情緒將會阻止你做好事情。成大事者是不會讓憤怒情緒所左右的。生活中有許多這樣的例子，能壓下怒火的就成功，而憑著這一怒之氣行事的人則大多失敗了。發怒，完全是一種可以消除與避免的行為，只要好好地把握自己，你就可以讓自己走出這一錯誤。

當然，你需要選擇很多新的思考方式，並且需要逐步實現。每當你遇到使你憤怒的人或事時，要意識到你對自己說的話，然後努力用思維控制自己，進而使自己對這些人或事有新的看法，並做出積極的反應。以下是消除憤怒情緒的一些具體方法：

(一)當你憤怒時，首先冷靜地思考，提醒自己：不能因為過去一直消極地看待事物，現在也必須如此，自我意識是至關重要的。

(二)不要欺騙自己。你可以討厭某件事，但你不必因此而生氣。

(三)當你發怒時，提醒自己，人人都有權根據自己的選擇來行事，如果一味禁止別人這樣做，只會延長你的憤怒。你要學會允許別人選擇其言行，就像你堅持自己的言行一樣。

（四）請可信賴的人幫助你。讓他們每當看見你動怒時，便提醒你。你接到信號之後，可以想想看你在幹什麼，然後努力推遲動怒。

（五）在大發脾氣之後，大聲宣布你又做了件錯事，現在你決心採取新的思考方式，今後不再動怒。這一聲明會使你對自己的言行負責，並表明你是真心誠意地改正這一錯誤。

（六）當你要動怒時，盡量靠近你所愛的人。

（七）當你不生氣時，與那些經常受你氣的人談談心，互相指出對方最容易使人動怒的那些言行，然後商量一種辦法，心平氣和地交流看法。例如可以寫信、由中間人傳話或一起去散步等，這樣你們便不會以憤怒相待。其實，只要在一起多散幾次步，你便會懂得發怒的荒謬了。

（八）當你要動怒時，花幾秒鐘冷靜地描述一下你的感覺和對方的感覺，以此來消氣。最初十秒鐘是至關重要的，一旦你熬過這十秒鐘，憤怒便會逐漸消失。

（九）不要總是對別人抱有期望。只要沒有這種期望，憤怒也就不復存在了。

（十）在遇到挫折時，不要屈服於挫折，應當接受逆境的挑戰，這樣你便沒有空間來動怒了。

憤怒沒有任何好處，它只會妨礙你的生活。與其他所有錯誤一樣，憤怒使你以別人的言行確定自己的情緒。現在，你可以不去理會別人的言行，大膽選擇精神愉快——而不是憤怒。總之，你應當提高自己控制憤怒情緒的能力，時時提醒自己，有意識地控制自己情緒的波動。千萬別動不動就指責別人，喜怒無常，改掉這些壞毛病，努力使自己成為一個容易接受別人和被人接受、性格隨和的人。只有這樣的人才能成大事。

每天保持好心情

處在繁華都市的你，每天都在忙碌之中，工作的壓力、同事間關係的處理、與主管的相處等等，無一不讓你心情煩躁。別著急，面對上述情況，千萬不可每天都處於壞心情之中，要知道壞心情對事情的解決於事無補，盡量使自己每天都能保持一份好心情，去坦然地面對工作與生活中的不快與摩擦。下文就列舉幾種消除壞心情的方法，當你心情不好時，不妨一試，或許會對你有很大的幫助。

運動

在各種改變心情的運動中，以有氧運動最能消除壞心情。研究人員指出，由於化學和其他的各種變化，使運動可與提高情緒的藥物相媲美。家務勞動等體力活動的效果很差，關鍵在於做有氧運動，如跑步、騎自行車、快走、游泳和其他重複性持續運動，可以增加心率、加速血液循環，改善身體對氧的利用。這種運動每次至少進行二十分鐘，每週進行三到五次，對改善壞心情有很大幫助。

顏色

紐約顏色心理學家帕特里夏．捷爾巴說：「就像維生素是身體的營養品一樣，顏色也可以成為精神的營養品。」

一般情況下，為消除煩躁與憤怒，避免接觸紅色是有好處的，為了抵抗憂鬱不要穿黑色、深藍色等使心情沉悶的衣服，也不要置身於這種顏色的環境之中。

心情憂鬱時，最好能把自己置身於溫暖、明亮、積極的顏色中，這有利於心情輕鬆。此外為了減輕憂慮與緊張，最好能使自己所處的環境處於中性顏色中，以取得鎮定、平靜的效果。例如，醫院就常選用白色、淺藍色等柔和的顏色為主色，就是為了利用它使病人平靜。

聽音樂

音樂是人類通用的語言，它對消除壞心情有很大的幫助。但是在選擇音樂類型時，應當根據等同心情原則去選擇音樂。如果心情憂鬱，就應選擇憂鬱的音樂。雖然，這似乎會增加你的憂鬱感，但這是改變心情的第一步。可以選用三到四小段音樂，逐步把原有的心情導向所要求的心情，然後再選擇一些較為舒緩平靜的音樂來平靜自己的心情。

選擇正確的食物

食物選擇的正確與否與心情的好壞也有很大關係。研究證明，糖類食品是有安慰作用的食品，當你心情不好時，最好能吃些糖類食品。單吃糖類食品有鎮靜作用，這是因為糖類食物刺激腦組織產生的血清素，可使我們感到平靜和鬆弛。

爆米花、鹹脆餅乾等低熱量糖果食品，與油炸甜甜圈、油炸洋芋片等高熱量食品有同等的鎮靜作用。而蛋白類食品則使人維持警戒狀態和精力充沛。在這方面，最好的蛋白質食品是甲殼類、魚類、雞、小牛肉和瘦牛肉。

高咖啡因攝取也與心情變化有關。對照實驗發現，對某些人來說，高咖啡因攝入與憂鬱、煩躁和憂慮的加深有密切關係，因此最好少攝取含咖啡因的食物。

此外據研究證明，當你精疲力竭時，可在口中嚼上一些花生、杏仁、腰果、胡桃等堅果，這類食品對恢復體能有神奇的功效。因為它們含有豐富的蛋白質、維生素B和維生素E、鈣、鐵以及植物性脂肪，卻不含膽固醇。

此外，胚芽米能使人恢復活力。蛤蜊湯、青椒肉絲、涼拌菠菜、芝麻、草莓等食物含有豐富的蛋白質及適度的熱量，能保護並強化肝臟，不妨多吃。

而當你心情慌亂時，最好多吃些含鈣和維生素C的食品。鈣具有安定情緒的效果，牛奶、乳酸、奶酪等乳製品，以及小魚乾等都含有豐富的鈣質。維生素C則具有平衡心理壓力的效果。當承受強大心理壓力時，身體會消耗約平常八倍以上的維生素C，所以，應盡可能多攝取富含維生素C的食物。如清炒菜花、甘藍菜、菠菜沙拉、芝麻（芝麻含有穩定情緒的鈣質）、水果等。工作壓力大的人，服用維生素C

錠，會有意想不到的效果。

睡眠

睡眠可以解除你精疲力竭的狀態，可以使你全身得到放鬆，進而在一定程度上消除你的壞心情。而且很多研究人員認為，不論我們是否記得，夢可以幫助我們化解緊張的情緒，進而發揮其調節心情的功能。

第五章　養成良好習慣，成就美好事業

你反覆的行為便形成了習慣，而習慣又反過來塑造了你獨特的自我。一位哲人曾說：「種下一種行為，收獲一種習慣；種下一種習慣，收獲一種個性；種下一種個性，收獲一種命運。」好的習慣會使你內心湧動著一股奮發向上的力量，而這種力量會成就你人生的輝煌。

七十五位諾貝爾獎得主在法國巴黎聚會，有記者問其中一位諾貝爾獎得主：「您在哪所大學，學到了您認為最重要的東西？」出人意料的是，那位白髮蒼蒼的科學家回答：「是幼稚園。」記者驚愕地問：「在幼稚園學到些什麼呢？」科學家回答：「把禮物分給同學，不是自己的東西不要拿，東西要放整齊，做錯事要及時檢討……。」

好習慣會使你終生受益。

好習慣是我們生命的枝上盛開的一朵美麗小花，然而，她的果實對我們生命的成長卻影響深遠，就像鳥兒偶爾銜到一個荒島上的一粒樹種，這不起眼的種子往往就是覆蓋荒島森林的孕育者，是改變荒島「荒之命運」的製造者！

好習慣是我們在自己生命的原野上，悄然踏出的一條心靈之路，有了這條路，我們就不會因誤入荊棘之叢而被傷害，就不會在漫漫的歲月裡迷失自我；有了這條路，我們就能去漫遊我們的理想之國，就能一天比一天更走近我們渴望中的新生活。

好習慣是我們不斷拾取願望的音符獨自創作的一首迷人的歌，唱著這首歌，我們就能享受到生活的節奏之美；唱著這首歌，我們的內心深處就會湧動著一種催促著自己奮發向上的力量。

如果你為自己培養了一種好習慣，那麼，它就會處處讓你看到未來生活裡的希望，在通往成功與夢想的道路上，它就會成為你靈感的源泉，成為開啟你智慧之門的金鑰匙。

理性地思考問題

面對紛繁複雜的工作，許多人都會養成過多地依賴自己直覺的習慣；而不去做理性的思考。在工作中，這是一種不良的習慣，因為當你的直覺不準確時，而你卻仍會把它當做自己的行動指南，那麼不必要的衝突、錯誤和誤解就會接踵而至。

不養成理性思考的習慣，就難免在工作中摻入過多的想像和推測。你總能在自己的報告、計劃書或發表的意見中找到「似乎、好像、我想是」等詞彙。

無論是提交計劃書，還是參加會議、參與決策制定，不做理性思考都是極不恰當的。例如對於你提供的行銷企劃，一定要很明確地區別已確知的和不確知的因素。比如「這些資料我已經查證了」或「這些消息是某某提供的，我尚未查證」等等。不科學、不準確的判斷會為公司帶來不必要的損失。

工作中加入過多的主觀因素，實在是一件非常危險的事，工作一旦按想像地做下去，而不依據事實，就會造成很大的麻煩。

如果你的工作只涉及小的方面，即使做錯了，也無大礙，不會有太嚴重的後果，但如果這樣的錯誤一再發生，別人是絕對不會容忍的。

如果你的這種工作方式觸及企業的整體利益與形象，那麻煩就大了。例如，你想與另一家公司簽訂合約，便憑想像誇大本公司的實力，羅列出一大堆未經查證的數據。一旦對方對此表示質疑就會使對方對你和你所代表的公司產生懷疑，如此一來，公司的形象、利益都可能會嚴重受損。退一步說，儘管採用這種工作方式能簽下合約並完成它，但這並不表示事情已經結束。即使合約完成了也還會發生糾紛，你依然還是要對產生的後果負責。

因此，在理所當然地把自己的感受等同於事實之前，一定要試著找些證據來支持或駁斥你的感受。也就是說你要在得出結論前，先去探究一下事實。不斷地對自己說下面的這些話，以阻止自己憑直覺去冒險：

- 思想或感受和事實是不一樣的事情。
- 就算我強烈地感到事情就是如此，也不要理所當然地表示事情一定就是如此。
- 探究事實比亂下結論要好得多。

若想在工作中取得成績，就一定要養成理性思考的習慣。因為不管你的感覺有多麼可靠，但實際上，它卻遠比不上理性思考分析出來的一個理由。因此，在你工作時，一定不能憑直覺，而是要用大腦去做充分的、客觀的、理智的思考與分析。畢竟，直覺在很多時候是不可信的。

不斤斤計較個人的得失

一個人若想成功，若想生活在一個健康的環境裡，就一定要養成不斤斤計較個人得失的好習慣。

不斤斤計較是一種豁達。不斤斤計較的人擁有豁達胸懷，即使在他們離去之後，也讓人們深深地懷念。不斤斤計較是一種明智，沒有一輩子不吃虧的人。

同事間你來我往，無法做到絕對公平，總是要有人承受不公平，要吃虧。倘若人們強求世上任何事物都公平合理，那麼，所有生物鏈一天都無法生存——鳥兒就不能吃蟲子，蟲子就不能吃樹葉，世界就得照顧萬物各自的利益。

既然吃虧有時是無法避免的，那何必要去計較不休、自我折磨呢？事實上，人與人之間總是有所不同的。別人的境遇如果比你好，那無論怎樣抱怨也無濟於事。最明智的做法就是避免提及別人，避免與人比較這比較那。而你應該將注意力放在自己身上，「他能做，我也可以做」，以這種寬容的姿態去看待所謂的「不公平」，你就會有一種好的心境，好心境也是生產力，是創造未來的一個重要保證。

不斤斤計較，也是一種高明的處世方法。

大凡當主管的，都喜歡辦事得力、不斤斤計較個人得失的部下。作為部屬，要取得主管的信任，首先你自己要付出巨大的努力。凡是主管交給你的工作都要盡最大力量去完成，努力將每一件事都做得漂漂亮亮。對待個人利益一定要以大局為重，不去斤斤計較。遇到一些非原則性的小事，儘管自己覺得委屈，也不要去招惹你的主管，以免與他產生對立情緒。這樣，就會讓他覺得你很敬業、忠誠，在需要的時候，他必然首先想到你。

常言說「吃虧是福」，就是這個道理。

工作時不從事與工作無關的事

如果連續工作八個小時，每一分鐘，每一秒鐘都在工作，那麼這個人一定會神經衰弱。我們的精力不允許我們一刻不停地做某一件事，但是我們也不能以此為藉口，在工作的時間裡，盡是從事一些與工作無關的事情。

你一定有過這樣的經歷。例如某一天，因為工作太忙而錯過了午餐時間。你心想到不遠的蛋糕店買一些蛋糕來充飢吧，免得耽誤了下午的上班時間。你進了那家店鋪，看中了那一大塊的草莓慕斯，你告訴店員你就要那塊蛋糕，打包帶走。可是她無精打采地「嗯」了一聲，就不慌不忙地一邊和其他的店員聊天，一邊幫你拿個盒子把蛋糕裝起來。原本一分鐘就可以搞定的事情，你卻等了五分鐘。你回想著店員那張「無私」的鐵面，嘴巴裡的草莓慕斯怎麼咀嚼都不是個滋味。

我們常常以為大家在一起有一搭沒一搭的談天說地算不了什麼；也覺得上班時間，趁老闆不注意時聊聊天，也沒有什麼大不了；開會的時候，人坐在那裡，腦子思緒不集中，惦記著家裡裝修的進度，別人也無從知道。可是就是這樣在我們看來無所謂的想法，久而久之，就會改變我們的工作態度。

蛋糕店店員不可能是從工作的第一天開始，就喜歡一邊工作一邊聊天的。她肯定是發現老闆不常來店裡，客人們也沒有多大的脾氣，而同事也剛好是個「話匣子」之後，才漸漸養成這種習慣。從一開始，在沒有客人的時候偷偷聊一聊，發展到後來，就算有了客人，也無法耽誤她們聊天。寧可讓客人多等上幾分鐘，也不能把她們正在興頭上的話題打斷。這個時候，上班聊天在她們看來才是常態，誰來了都得靠邊站。

所以說，工作的時候思緒不集中，從事與工作無關的事情，時間久了就形成了習慣，到時候想改都難了。所以，全身心地投入工作，就要用高標準要求自己。該工作的時候不能隨便分神，也不能把從事與工作無關的事情當作是理所當然的。

保持辦公桌的整潔

在辦公桌上堆滿了信件、備忘錄之類的東西，很容易使人感到混亂、緊張和焦慮。更糟的是這種情形會讓你覺得自己有堆積如山的工作要做，可是又毫無頭緒，根本沒有時間去做完。面對這樣大量的繁雜工作，再多的工作熱情也會被沖淡。

但事實上，讓你感到疲憊不堪的往往不是工作中的大量勞動，而是因為你沒有良好的工作習慣——無法保持辦公桌的整潔、有序，進而降低了辦公室生活的品質。也就是說，是這種不良的工作習慣加重了你的工作任務，進而降低了你的工作熱情。

一個整潔、有序的辦公桌要比一個雜亂無章、堆滿物件的辦公桌更讓工作的人感到心情愉快。一些沒有養成整理辦公桌習慣的人，通常總是以自己是多麼地忙，無暇分心在這類小事上；或是怕清理東西時，把需要的或是有價值的文件也一起清理掉了為藉口。這種人總把那些沒有用的以及過時的紀錄都堆在書桌，讓自己埋首其中。他們甚至還會認為，這樣才能表示自己一直在努力工作。但事實並非如此，這樣只會加重你的工作負擔，影響你工作的積極性。

你可以嘗試遵守「三個月原則」。即任何在你辦公桌上放了三個月而沒被使用過的東西，就可以毫不猶豫地處理掉。在每天下班之前，養成整理辦公桌的習慣，把明天必用的、稍後再用的或不再用的文件都按順序放置並保持桌面的清潔。

養成保持辦公桌整潔、有序的習慣，會讓你擁有平和積極的工作心態，也會使你的工作變得有條不紊，充滿樂趣。

只對工作負責

只對工作負責的意思是說，我們在決定是否做一件事情，或者決定是否以某種方式做一件事情的時候，遵循的標準是，這樣做是否有利於我們的工作？也就是說，是否能促進我們的工作？

你也許會說，這話說得沒有意義。難道我們會大腦進水，而人為地給我們自己的工作製造障礙嗎？

我們當然不會這樣做。但是我們在日常工作中，也常常因為別的原因而改變我們的行為方式。例如，主管認為這樣的事情應該按照A方案去做，但在你經過思考研究之後，覺得B方案能夠產生更好的效果，可是面對一個固執而自以為是的主管，你最後還是採取了A方案，因為你不想得罪他。再比如說，在辦公室裡，你和A的關係最好，他經常幫你的忙，甚至有幾次你上班遲到，還是A在老闆面前幫你開脫的。這次A因為自己的疏忽，把一筆生意給搞砸了，照理說，你該如實向主管報告，可是出於私交，你還是幫他找了個冠冕堂皇的理由給遮掩過去了。

在工作中，我們是不可能不考慮我們自身利益的，而我們自身的利益又是很複雜的。雖然我們知道應該服從公司的利益，整體的利益，但是還是會在一些情況下，屈從於其他因素的影響，從自己的利益出發，做出一些不合情理的事情。

同時，由於辦公室裡存在著複雜的人際關係，很多時候我們並不能很公正地作出判斷。和自己關係不錯的人，總是會想辦法照顧他；和自己有隔閡的人，雖是「舉手之勞」，但也要在舉手之前思考一下。在辦公室裡，興趣脾氣相投的人湊在一起，是一件很正常的事情。但是如果把簡單的志趣相投上升為利益的聯繫，而產生一個小圈子、小團體，那麼問題可就變得嚴重了。

全身心地投入工作，就是要做到「以工作為綱」，而不能過多地摻雜個人的因素。營私舞弊，假公濟私，都應該杜絕。因為你是來工作的，所以你只應該對工作負責，只有把工作做好，你才完成了自己的職責。一個團隊是一個整體，內部分化為一個個小的團體，只能導致團隊的凝聚力下降，內訌不斷。

只對工作負責不是一件簡單的事情，它不只是對一個人判斷力的考驗，也是對一個人道德情操、職業道德的考驗。

我們要努力做到全身心投入工作，對於工作全神貫注，但是人總是會有分神的時候。所以就要時常問問自己「有沒有全心投入？是不是還有所保留？」或「是不是又在考慮工作以外的其他因素了？有沒有被別的因素影響？」時時提醒自己是一個很好的辦法，也是一個很好的習慣。

養成良好的學習習慣

好習慣使人受益終生，而壞習慣卻會影響人的一生。所以無論做什麼工作，我們都要培養好的習慣，摒棄壞的或不良的習慣。那麼，每個人該如何培養好的學習習慣呢？

要培養良好的學習習慣就要做到下述幾點：

訂立明確的學習目標

目標是人們做事的行動指南與標準，所以首先訂立明確的學習目標，對提高學習能力顯得尤為必要。

美國著名的行為學家韋特萊說：「有了目標，內心的力量才會找到方向。茫無目標的漂蕩終歸會迷路，而你心中那一座無價的金礦也因為無法開採而與平凡的塵土無異。」他認為當今大多數人不願意計劃他們的生活，沒有真正定下人生自我發展的目標，因而也就注定要失敗，無法實現他們的理想。以此為依據，他提出成功的祕訣之一就是確立既遠大，而又具體可行的個人發展目標。

有了目標，還必須要有決心去達到目標，這就要依靠堅強的意志、充沛的體力，竭盡全力奔向目標。前美國奧林匹克五項全能運動員瑪麗琳．金有個成功公式：

熱情＋目標＋行動＝成功

合理安排時間

任何人都知道時間的寶貴，可是很多人還在不自覺地浪費時間。浪費時間的最大壞處並不在於被浪費的時間本身，更具危害性的還在於被浪費的精力。無所事事和懶惰閒散足以麻木我們的神經，使人意志消沉、萎靡不振；而發奮工作使一個人朝氣蓬勃、精力充沛。那些慣於走在時間後面的人，也習慣於走在成功的後面！

當一個年輕人專心致志地學習或工作時，沒有人會為他的前途擔憂。所以，你若想使自己的學習能力有所提升，學習效果卓有成效，就必須合理安排時間，不浪費自己寶貴的時間。平時上班忙，你可以利用假日、休息日或晚上的時間去「充電」，努力做到使自己的每一分每一秒都有價值。

磨練意志

學習是一個長久枯燥的過程，很多人之所以會半途而廢就在於意志力不夠。所謂意志就是為了達到一定的目的，自覺地組織自己的行動，並與克服困難有關的心理過程。意志過程的特徵有目的性，在工作、學習中有自己明確的目的、目標；對活動的調控性，意志過程中為了達到目的進行自我調控，努力達到目的所需的條件，盡力避免受到消極因素的干擾、克服內外部困難是運用意志力調控自身學習、工作的展現。

要磨練意志就必須學會堅持，做事善始善終，這樣才能使你學習能力提高，進而為你的成功提供可能。

柴契爾夫人曾經說過：「日理萬機並不難，只要你能把要做的事一件一件列出來，做完一件勾掉一件，就可以了。」因此你在學習時就要切忌雜亂無章、沒有目標。最好能把要看的書、所需的資料放得整整齊齊，這樣學習時就會得心應手。而且把學習任務組織得富有條理，還可以節省時間、提高效率。

勇於打破常規

事實證明，並不是每個人都可以成功地發揮自己的創造力，進而取得別人所不可能取得的成績。人們不能發揮創造力的原因各式各樣，有的是因為心中存在某種侷限性觀念，有的是存在某種障礙，也有的是因為沒有處理好與創新的各種關係。所以要提升和發揮自己的創造力與創新思維，必須做到突破許多思維障礙。我們把這些障礙稱為「心鎖」，這些心鎖把心靈囚禁在常識、陳規和許許多多貌似合理的標準中，使心靈失去了創造力。因此，要想學會思考，首先要打開這些限制思維的「心鎖」。

第一把心鎖——只有一個正確答案

我們的教育制度傾向於教導學生只有一個正確答案。一個大學畢業生平均經歷二千六百多次測驗與考試，「一個正確答案」深深地印在我們的腦海中。對某些事實上只有一個正確答案的數學問題來說，這是對的，但生活中的大多數問題並非如此。生活是不確定的，它有很多正確答案。我們應該努力去尋找第二個、第三個……正確答案。往往，第二個或第十個答案才是解決問題的真正答案。

第二把心鎖——這不合邏輯

是的，做事必須講究邏輯，而且邏輯也是創造性思考的重要工具，在創造過程的實用階段，當你準備評價創意並將之付諸實踐時，邏輯思考尤其適用。但是，在你尋找靈感、創意的時候，過度的邏輯性思考會使你無法進行創造，因為創造過程的前期依靠的是另外一種全然不同的邏輯，這一類邏輯可以描述為：隱喻的、幻想的、擴散的、精簡的以及模棱兩可的等等。

第三把心鎖——要遵守規則

規則對於社會非常重要，沒有一定的規則，整個社會會陷入混亂之中而不可收拾；沒有規矩，不成方圓。可是，如果我們想獲得創意，那麼遵守規則就成了一種枷鎖。

創造性思維既要求具有建設性，更要求打破陳規，否則只有一條死胡同可走。我們可以在日常生活中經常地檢查反省我們設定的很多規則，譬如你可以問「為什麼這個規則會是這樣子？這個規則有用嗎？」經常地反思、檢查會使我們的思維流動起來，不因規則而僵化。創造性思維要求你要勇敢地打破常規。

第四把心鎖——犯錯是一件壞事

是的，人們在現實中都追求正確、反對錯誤，犯錯的事人人都避之不及，各種名言警語也都在警示人們千萬不可犯錯。可是這種觀念卻不適合創新思維。對於創造性思考來說，如果你強烈地認同「犯錯是一件壞事」，那麼你的思維就會受到侷限。如果你對獲得正確答案十分在意，而不在意能否激發創意，那麼你可能僅花很少的時間去證實假設、向常規挑戰、提出「假如……」的問題，你也可能僅僅注意到難題而不去深入思考。犯錯是創造性思考必要的副產品，所有的思考技巧都會產生不正確的答案，但那是唯一的路。

第五把心鎖——我沒有創造力

創造力其實人人都有，關鍵在於你是否能夠將之發揮出來。要想充分發揮自己的創造力，對自己的創造天賦持積極樂觀的態度是非常必要的。回想一下，你腦海裡曾閃現過多少次創造的火花？即使是多麼微不足道的一個念頭。以前你或許沒有用這種方式想過創造力，但多數人很快就開始認識到他們在工作之外的靈感是多麼頻繁。

要使自己成為一個極富創造力的人，首先就必須相信自己有創造能力，這種自信的態度是你是否具有創造力的基礎，有了這種自信後，再加上你的冒險精神與打破各種常規的意識，實現自我超越才有了可能。

第六把心鎖——我不知道該如何創造

很多人認為創造力是個很玄的概念，他因此一籌莫展，手足無措，其實不然，培養創造力和培養任何別的技能一樣，只要你能不斷地學習而且定期鍛鍊它，就可以培養自己的創造力。

就從好奇心開始。一位專家曾說：「好奇心是精力旺盛的知識分子的恆定特徵。」創造力就是透過好奇心，從不同角度看待事物，並且把不同的事物聯繫起來。設想兩個毫不相干的東西，然後把它們聯繫起來，不管這種聯繫是多麼風馬牛不相及，這種技巧也可用來鍛鍊頭腦的創造性。

大量的傳媒報導、研討會、講座及專家顧問都能幫你發展創造性思維。這種學習的過程能為你帶來思考和行動所需要的變化，能為你開闢新的思路，提供新的選擇。

此外，要培養自己的創造力，還要有敢於獨樹一幟的勇氣。這或許意味著打破常規慣例，要認識到這些常規也是工作場所中困擾創造力發揮的障礙。

打開以上這些限制你思維的「心鎖」，你的創造力將被釋放出來。在生活中，克服以上這些不良的思考習慣，隨之你將收獲另一種成功必備的能力——創造力。將創新變為一種習慣，勇於打破常規，你就是一位成功者。

優秀員工必備的四種習慣

拿破崙．希爾說：「成功與失敗，都源於你所養成的習慣。有些人做每一件事都能選定目標，全力以赴；另一種人則習慣隨波逐流，凡事碰運氣。不論你是哪一種人，一旦養成習慣，都難以改變。」

習慣的確是一種頑強而巨大的力量，它可以主宰人生。因此，不管是誰，都應該努力去建立種種良好的習慣。下面的四種習慣是每一個員工都應該具備的。這些習慣並不複雜，但功效卻非常顯著。如果你希望自己將來有所成就，就應該從現在做起，努力培養這些習慣。

延長工作時間

許多人對這項習慣不屑一顧，認為只要自己在上班時間提高效率，沒有必要再加班。實際上，延長工作時間的習慣對員工來說的確非常重要。

作為一名員工，你不僅要將本職的事務性工作處理得井井有條，還要應付其他突發事件。有大量的事情不是在上班時間出現，也不是在上班時間可以解決的，這需要你根據公司的需要隨時為公司工作。

工作中的許多情況都需要你延長工作時間。根據不同的事情，超額工作的方式也有不同。如為了完成一個計劃，可以在公司加班；為了釐清工作思路，可以在週末看書和思考；為了獲取訊息，可以在業餘時間與朋友們聯絡。總之，你所做的這一切，可以使你在公司更加稱職。

始終表現出你對公司及產品的興趣與熱情

你應該利用每一次機會，表現你對公司及其產品的興趣與熱情，不論是在工作時間，還是在下班後；不論是對公司同事，還是對客戶及朋友。

當你向別人傳達你對公司的興趣與熱情時，別人也會從你身上體會到你的自信及對公司的信心。沒有人喜歡與悲觀厭世的人打交道，同樣地，公司也不願讓對公司的發展悲觀失望或無動於衷的人擔任重要工作。

自願承擔艱巨的任務

公司的每個部門和每個職位都有自己的職責，但總有一些突發事件無法明確地劃分到哪個部門或個人，而這些事情往往還都是比較緊急或重要的。如果你是一名合格的員工，就應該從維護公司利益的角度出發，積極去處理這些事情。

如果這是一項艱巨的任務，你就更應該主動去承擔。不論事情成敗與否，這種迎難而上的精神也會讓大家對你產生認同。另外，承擔艱巨的任務是鍛鍊自己能力的難得機會，長此以往，你的能力與經驗會迅速提升。在完成這些艱巨任務的過程中，你有時會感到很痛苦，但這種痛苦卻會讓你變得更成熟。

向主管提出建設性的問題與建議

有經驗的管理者將員工分為兩種類型：甲類員工把工作看得不怎麼重要，他們關心的是工作保障、公司的退休計劃、請假手續、額外休假制度等等，百分之八十的員工屬於這一類型；乙類員工所考慮的事情是，「還能不能有什麼進步」、「怎樣做才能進步」、「希望主管能給我更多機會」、「公司哪裡存在問題」、「我又該給主管什麼好的建議」等等。

一位大公司的人事部經理對此深有感觸地說：「員工的升職、加薪以及特殊情況，都由該員工的直接主管送到我那裡。結果獲得獎勵的幾乎都是乙類員工，而那些有問題的員工也大都屬於甲類。」

由此可見，你想要獲得更多賞識，更多機會，主動地工作，積極地思考問題是你應該努力做到的，而向主管提出建設性的問題與建議，是極其明智之舉。

第六章　珍惜時間，使生命變得更有價值

班傑明．富蘭克林說：「珍惜時間，可以使生命變得更有價值。」歌德說：「絕不能讓最要緊的事受最不要緊的事擺布。」古今中外，無論哪一個成大事者都具有珍惜時間的好習慣，因為他們深知，時間就是金錢，時間就是生命；勤奮工作是通向成功的唯一途徑。

一個人不懂得珍惜時間，絕對不是一種好習慣。時間就是一切，一個有良好時間觀念的人，他的生活一定是成功的，他的事業一定是令人羨慕的。

時間是平凡而常見的，它從早到晚都在一分一秒地運行，無聲無息。而時間又是寶貴的，是每個人生命中最寶貴的東西。

在時間面前，每個人都是平等的。人人都擁有時間，但時間對每個人的作用又

不盡相同，我們應懂得時間的重要性，知道時間就像生命一樣寶貴。

生命由時間組成，時間就是生命。時間是一種既不能停止，也不能逆轉，不能儲存，不能再生的特殊性資源，是一種一次性的消耗品。當我們年老，面臨死亡的威脅時，我們才對失去的生命感到惋惜，對時間的浪費感到可恨，然而這又有什麼意義呢？

時間比黃金更寶貴，珍惜時間就是珍惜我們的財產、珍惜我們的生命。

成功人士之所以能取得成功，很重要的一點就在於他們意識到了時間的寶貴。世界上最重要的東西是什麼？是生命。你的答案是對的，但不確切，應該是時間。

因此，如果你想成功，就必須視時間如生命。

你最寶貴的財產是你的時間，好好地安排時間，不要浪費時間，請記住浪費時間就等於浪費生命，節約你的每一分、每一秒，就等於你自己在延長自己的生命。而從你認識到時間寶貴的那一天起，也就是你明智地駕馭了自己生命的開端。

善用一分一秒

每一個成大事者都離不開這樣一個好習慣：善用時間！

時間雖然人人都有，但它也絕對是因人而異的。一個百無聊賴的傢伙會覺得時間過得太慢，而一個有工作要做的人又覺得時間過得太快。就是我們自己，有時候一天天地算日子覺得時間太慢，一年年算日子又覺得時間消逝得太快。時間的表現並不一致。

人類發明鐘錶，是用來掌握時間、觀察時間的，更主要的是利用時間。一個人要想成大事，就要掌握運用時間的本領，養成良好的時間習慣。

在實際生活和工作中不管你多麼有效率，總是有人會讓你等待；你可能錯過公車、捷運、飛機，碰上出其不意的中途休息；你也許已經盡可能地小心計劃每一件事，但是你可能意外地被困在機場，平白多了三個小時可以利用。而所有成功人士在這種情況下所做的事是：「我帶本書、我寫東西、我修改報告……我可以在這樣的時間裡做許多工作。」這樣，你不但充分利用了時間，而且你也向成功者的行列邁進了一步。

其實，生活中有很多零碎的時間可以利用，如果你能化零為整，那你的工作和生活將會更加輕鬆。

所謂零碎時間，是指不構成連續的時間或一個事務與另一事務銜接時的空餘時間。這樣的時間往往被人們毫不在乎地忽略過去。零碎時間雖短，但倘若一日、一月、一年不斷累積起來，其總和將是相當可觀的。凡在事業上有所成就的人，幾乎都是能有效利用零碎時間的人。

「我把整段時間稱為『整匹布』，把點滴時間稱為『零碼布』，做衣服有整匹布固然好，整匹不夠就盡量把零碼的用起來，每天二、三十分鐘，加起來就能由短變長，派上大用場。」這是成功者的祕訣，也是我們學習借鑑的好方法。

偉大的生物學家達爾文也曾說：「我從來不認為半小時是微不足道的一段時間。」諾貝爾獎得主雷曼的體會更深，他說：「每天不浪費或不虛度或不空拋剩餘的那一點時間。即使只有五、六分鐘，如果利用起來，也一樣可以有很大的成就。」把時間化零為整，精心使用，這正是許多人取得輝煌成就的奧妙之一，也是我們應該從他們身上學到的優點之一。

我們經常會感到時間緊張，根本沒有時間做許多重要的事。但正如魯迅先生曾說過：「時間就像海綿裡的水，只要願擠，總還是有的。」實際上也正是如此。

摧毀拖延的惡習

凡事愛拖延，是一種惡習。

惡習——不好的習慣。俗話說：「惡習難改」，是因為它是對人長時間的影響，是一種痼疾。

拖延的惡習，往往讓人失去生命中所追求的東西，並使人的時間、精力和情感在無謂的浪費中變得一文不名。

人們經常會緬懷過去，憧憬未來，可是，過去的已經過去，未來還太遙遠，它們都無法掌握在自己的手中，所以，最重要的還是現在，最容易掌握的也是現在。每個人的一生都是由「現在」堆積而成的。

生活中常有這樣的事情發生。朋友打電話來有事找，你不在，同事轉告給你，叫你有空回電，但你沒有立即回電話，而是一天一天地向後拖延，直到有一天記起來，才打電話給朋友，朋友在電話裡說，前幾天正好有一筆生意介紹給你，一直等不到你，只好告吹。你聽後，一定追悔莫及。在拖延中，你錯過了一次致富的機會。又有不少人寫信給你，其中有一些必須立刻回信，但每次你都會偷懶地想：「等一下吧。」直等到信都找不到了，才開始懊悔。此外，也有不少人請你寫稿，可是桌上儘管擺好了紙筆，卻提不起精神來，等到對方催促時，才匆忙振筆直書，但書稿的品質難盡人意。

說到底，你應該一日有一日的理想與決斷。昨天有昨天的事，今天有今天的事，明天有明天的事。今天的理想，今天的決斷，今天就要去做，一定不要拖延到明天，因為明天還有新的理想與新的決斷。

放著今天的事情不做，非得留到以後去做，其實在這個拖延中所耗去的時間與精力，就足以把今天的工作做好。所以，把今天的事情拖延到明天去做，其實是很不划算的。例如寫信就是一例，一收到來信就回覆，是最為容易的，但如果一再拖延，那封信就不容易回覆了。因此，許多大公司都規定，一切商業信函必須於當天回覆，不能讓這些信函拖到第二天。

命運常常是神奇的，好的機會往往稍縱即逝，猶如曇花一現。如果當時不善加利用，錯過之後就追悔莫及。

決斷好了的事情拖延著不去做，還往往會對我們的品格產生不良的影響。其實，人人都能下決心做大事，但只有少數人能夠一如既往地去執行他的決心，而也只有這少數人是最後的成功者。不知道你是不是這少數人中的一員？不知道你是不是最後的成功者？

畫家說，一個神奇美妙的構想突然躍入他的思想裡，迅速得如同閃電一般，如果在那一剎那間他把構想畫在紙上，必定有意外的收穫。但如果他拖延著，不願在當時動筆，那麼過了許多日子後，即使再想畫，那留在他思想裡的好作品或許早已消失得無影無蹤了。

作家說，當一個生動而強烈的意念突然閃現在他的腦海時，他就會產生一種不可遏制的衝動，提起筆來，要把那意念描寫在白紙上。但如果他那時因為有些不便，無暇執筆來寫，而一拖再拖，那麼，到了後來那意念就會變得模糊，最後，竟完全從他的思想裡消逝無形了。

靈感往往轉瞬即逝，它是不會光顧懶漢的。所以應該及時抓住，要趁熱打鐵，立即行動。

有的人身體有病卻拖延著不去就診，不僅身體上要受極大的痛苦，而且病情可能惡化，甚至成為不治之症，導致死亡。

沒有別的什麼習慣比拖延更為有害，更沒有別的什麼習慣比拖延更能使人懈怠、減弱人們做事的能力。如果拖延的惡習不改，就不可能會成功、有所作為。

「立即行動」，這是成功者的格言，只有「立即行動」才能將人們從拖延的惡習中拯救出來，才能使拖延的惡習迅速死亡。

實施末日管理

在非洲的大草原上，一天早晨，曙光剛剛劃破夜空，一隻羚羊從睡夢中猛然驚醒。

「趕快跑。」牠想到，「如果慢了，就可能被獅子吃掉！」

於是，起身就跑，向著太陽飛奔而去。

就在羚羊醒來的同時，一隻獅子也驚醒了。

「趕快跑」，獅子想到，「如果慢了，就可能餓死！」

於是，起身就跑，也向著太陽奔去。

誰快誰就贏，誰快誰生存。一個是自然界獸中之王，一個是食草的羚羊，等級差異，實力懸殊，卻面臨同一個問題——如果羚羊快，獅子就餓死；如果獅子快，羚羊就被吃掉。

貝爾在研發電話時，另一個叫格雷的也在研究。兩人同時取得突破。但貝爾在專利局贏了——比格雷早了兩個鐘頭。當然，他們兩人當時是不知道對方的，但貝爾就因為這一百二十分鐘而一舉成名，譽滿天下，同時也獲得了巨大的財富。

誰快誰贏得機會，誰快誰贏得財富。

無論相差只是零點一毫米還是零點一秒鐘——差之毫釐，繆以千里！

在競技場上，冠軍與亞軍的區別，有時小到肉眼無法判斷。例如短跑，第一名與第二名有時相差僅零點一秒；又比如賽馬，第一匹馬與第二匹馬相差僅半個馬鼻子（幾釐米）……但是，冠軍與亞軍所獲得的榮譽與財富卻相差千里。

時間的「量」是不會變的，但「質」卻不同。關鍵時刻一秒值萬金。

珍惜時間就需要實施末日管理——將今天視為最後一天，難道非要等到時日不多，才能意識到今天是生命中的最後一天嗎？

一天，在一位醫生擁擠的候診室裡，一位老先生突然站起來走向值班護士。「小姐，」他彬彬有禮，嚴肅地說，「我預約的時間是三點，而現在已經是四點，我不能再等下去了，請幫我重新預約改天看病吧！」

兩個婦女在旁邊議論說：「他肯定至少有七十歲了，他現在還會有什麼要緊的事？」

那老先生轉頭跟她們說：「我今年八十八歲了，這就是為什麼我不能浪費一分一秒的原因。」

實施末日管理——將今天視為最後一天，就需要我們像這位老人一樣有珍惜時間的意識。它可以使人感到時光的寶貴，更加激發起為偉大目標而奮鬥的勇氣與決心。

巴爾扎克原本是個學法律的律師，但是，有一天卻向他的家庭突然宣布他想當一個作家。他的父母堅決反對，還聯合他們所有的親戚朋友來反對他。尤其是他的母親，堅決認為巴爾扎克的寫作給家庭帶來了恥辱。在長時間的激烈爭論後，他們這個家庭達成了小商人家庭獨特的折衷——巴爾扎克可以走他的路，但這條路怎麼走法完全是他自己的事。父母在未來兩年內向他未經證實的能力付一點補貼，倘若兩年期滿他未能如願，那就請他毫不遲疑地回到律師事務所中去。

經過周密的計算，按最低生活標準，巴爾扎克的父母同意每月提供一百二十法郎，即一天四法郎，作為他們兒子在未來跋涉中的生活費。

巴爾扎克把自己的每一天都當成了最後一天去努力工作，幾十本書被從圖書館中借了出來，放在書桌研讀。巴爾扎克與生俱來頭一次為自己規定了一件固定的工作，沒有任何事物可以阻止他。他經常三、四天不離開屋子，沒日沒夜地在書桌筆耕。如果出門的話，那也只是為他疲勞過度的神經補充一點刺激——買些咖啡，添一點麵包、水果。他一連好幾天在床上寫作，只是為了可以節省時間。整個創作季節裡，公園、遊樂場、餐廳和咖啡館都離他很遠。

兩年後，巴爾扎克終於憑藉自己的本事拿到了第一筆稿費，並由此一發而不可收拾，成為法國歷史上最偉大的批判現實主義作家。

實施末日管理——將今天視為最後一天，其實說的是一種意識，一種惜時的好習慣。巴爾扎克巧妙地利用了這一理念獲得了成功。在競爭日益激烈的今天，你更應深諳其中的道理，緊緊抓住時間，投入學習、生活、事業中。

時間在一分一秒地飛逝，珍惜時間，實施末日管理——將今天視為最後一天，將使你獲得比他人更多的優勢。

把你的目標列出來

無論你擁有什麼樣的價值觀，你都不能否認這樣的事實，水準越高、能力越強的人，其行為的目的性越強。

在你開始行動之前，你必須確定你在生活的每一個領域要達到什麼目標，明白什麼是個人生產力方面最重要的概念。一些人能用較快的速度完成更多的工作，其最重要的原因是他們絕對明白自己的目標與目的，他們不會偏離自己的目標與目的。

你對自己想要的東西和你要實現這一目標必須做的事情越清楚，你就越容易克服拖延，也就越容易著手完成任務。拖延和缺乏動力的一個重要原因是對要做的事情以及做事的先後順序與做事的目的含糊、迷惑和三心二意。你必須避免人們常犯的這種毛病，做任何事情都要盡量明確，進而可以集中你的全部力量。

下面是成功的重要規則：寫在紙上後再認真思考。寫在紙上的目標具有能量。

只有大約百分之三的人擁有明確的書面目標。跟那些受過同等教育和具有同等能力，或者甚至獲得更好教育和具有更強能力的人相比，擁有明確書面目標的人，取得的成就是那些從不花時間確切寫出目標的人的五到十倍。

有一個確定和實現目標的定理，可供你在今後加以利用。這個定理包含七個簡單的步驟。採取這七個步驟中的任何一個步驟，都可以使你的效率提高一倍到二倍。事實證明，採用這種簡單七步驟方法的人，在幾年之內，或者甚至在幾個月之內，都大大增加了他們的時間利用率。

第一步：確定你所要的東西

你自己決定，或者坐下來與你的主管討論你的目標和目的，直到你非常明確你該做什麼事情，和做這些事的輕重緩急次序。許多人由於沒有與他們的主管進行這種重要的討論，因此在一些低價值的任務上耗費許多時日，他們的做法真是令人迷惑不解。史蒂芬．柯維說：「在你開始攀登成功之梯時，首先要確定這部梯子靠對了地方。」

第二步：寫下來

寫在紙上後再認真思考。把你的目標寫下來後，你要逐步明確並使之具體化。你創造了你看得見摸得著的東西。另一方面，沒有寫下來的目標或目的只是一種願望或幻想，它沒有能量，沒有寫下來的目標會導致迷惑、含糊、迷失方向和無數的錯誤。

第三步：為你的目標確定一個截止日期

沒有截止日期的目標或決定就沒有急迫性，它沒有真正的開始或結束。沒有具體的截止日期確定或接受完成任務的具體責任，你自然會拖延，完成得很少。

第四步：把你所想到為了實現目標必須做的每一件事情列出來

當你想到新的活動時，把它們列到你的清單上去。不斷地往你的清單上列東西，直到完善。有了這張清單，你對任務或目的就一目瞭然，它使你有章可循，它能大大增加你實現目標的可能性，因為你已經明確你的目標，並且已經把它列到日程表上了。

第五步：把這張清單變成一項計劃

根據輕重緩急次序安排好你的清單。花幾分鐘時間考慮什麼是你必須優先做的，什麼是你可以晚些時候再做的。確定什麼是必須在做其他某件事情之前必須做的，什麼是必須以後做的。如果能在紙上列出一系列表格，使你的計劃一目瞭然，那就更好。如果你把計劃細分成一些單獨的任務，你會感到驚訝，原來要實現你的目標是那麼容易。

第六步：立即根據你的計劃採取行動

一個認真執行的普通計劃，要比什麼也沒有做的宏偉計劃要好得多。你要獲得任何成功，執行是關鍵。

第七步：每天都要下決心做一些能使你更接近目標的事情

把這一系列活動列入你的日常日程表。如：讀上幾頁跟主要目標有關的書籍，拜訪幾位可能的主顧，進行一項體育鍛鍊，學習一些外語新詞。總之，不要浪費每一天。

不斷往前走，一旦開始行動，就要繼續保持行動，不要停下來。這一決定、這一原則可以使你成為你這一代人中最富有成果和最成功的人之一。

明確寫下來的目標對你的思想會產生很好的影響，它們能激勵和刺激你採取行動，它們能刺激你的創造力，釋放你的能量，並幫助你戰勝拖延的惡習。

在成就的熔爐中，目標是燃料。你的目標越大、越明確，你要實現這些目標的興趣就越濃。你對目標想得越多，你要完成這些目標的動力和願望就越強。

多想想你的目標並每天都對它們進行評估。每天早晨開始工作的時候，你就可以針對最重要的任務採取行動，以便實現你目前最重要的目標。

制定每一天的目標

雖然我們追求工作的高效率，但是也得認清一個事實，那就是「欲速則不達」。我們是主張前景規畫的，總是要展望一下美好的未來，才能有動力走下去。但是，目標不能制定得過高，以致壓力太大，這樣，我們才能全身心地投入工作。

過高的目標總是會為人帶來浮躁的情緒，陷入不切實際、想入非非的境地。比如說，認為現在做的工作沒有什麼意義，真是「殺雞焉用牛刀」。於是對於手頭的工作，有一種不屑一顧的態度，總是覺得閉著眼睛也能做好。

在這種漫不經心的態度下，就算是可以把工作完成，也不能稱得上是全身心地投入。全身心地投入就是要盡你自己的所能把工作完成到最好，是一種不遺餘力的狀態。

越是想要成就一番大事業，就越要從最基本的工作做起。沒有基本的工作經驗，就很難實現在大局上的運籌帷幄。一個能夠在小事情上全身心投入的人，在大事情上也一定能夠考慮周全，不留有漏洞。而且全身心投入的態度不是一天養成的，是長時間培養的結果，所以你應該制定每一天的目標。

把目標落實到眼前的每一天，自然就會切合實際得多。每一天的目標都不會是遙不可及，都是可以透過努力而達到的。同時，每一天目標的實現也能夠堅定人的信心。

任何一件事情都需要把它具體化，具體化的過程實際上就是把問題簡單化了。當我們把一個複雜的問題分解成為幾個步驟，解決的時候就容易多了。這就是之所以要制定每一天目標的原因。

制定每一天的目標，讓自己在每一天都取得成績，讓自己每天都向前進一步。

你工作中最重要的目標之一應當是使你在心智、情感和體力方面的投入獲得最大回報。好消息是，在計劃方面多花一分鐘，在執行過程中就可以少花十分鐘。你為每天工作作出計劃只須花大約十到十五分鐘，但投入這一點時間可以使你在一天中不會浪費時間和做出漫無目的的努力，使你至少可以節省兩個小時。

如果你想一想計劃對提高你的業績是多麼地有幫助，你就會感到驚訝，為什麼每天做出計劃的人那麼少。計劃做起來實際上很簡單，你所需要的只是一張紙和一支筆。你坐下來把你要做的事情列出來，然後再開始做，按列出的清單去做。出現新東西時先列到清單上，然後再去做。從你開始完全按所列清單工作的第一天起，你就能把你的效能提高百分之二十五以上。

在前一天晚上，在工作日結束的時候列出你明天要做的事情的清單。把你還沒有完成的工作列到你後一天的清單上，然後再加上你第二天必須做的事情。

你事先把你要做的事情列成清單花的時間越多，你的工作效率就越高，工作就做得越充分。

為了達到不同的目的，你就需要列出不同的清單。首先，你應當列出一張主清單，列出你想到的在未來某個時間要做的所有事情。你要把所想到的所有念頭和所有新任務或職責都寫到這張紙上，然後再將它們分門別類地整理出來。

第二步，你應當在每個月月底為下個月列出一張月清單，這張月清單可以有從你的主清單上轉過來的項目。

第三步，你應當列出一張週清單，事先把你整個下一週的工作做個計劃。

這種系統式的時間規畫原則對你可能非常有幫助。許多人說，每週末花幾個小時計劃下週的工作，這一習慣大大提高了他們的效率，並徹底改變了他們的生活。這一方法對你很有用。

最後，你應當把你月清單和週清單上的項目轉到你每天的日清單上。日清單上所列的都是你第二天要完成的具體活動。

你工作了一整天，把完成的工作項目從日清單上一項項勾掉。這使你對所完成的工作一目瞭然，進而產生一種成就感和激勵你前進的動力，看到你按日清單逐步完成你的工作，能夠給你激勵和動力，這樣做能提高你的自信和自尊；看到工作穩步取得進展，會激勵你前進的勇氣，並能幫助你戰勝拖延。

考慮後果

優秀思想家的特點是他準確預見做某件事或不做某件事的後果的能力。任何工作或活動的潛在後果是確定它對你和你的公司有多重要的主要依據。這種評估一項工作重要性的方法也適用於你如何確定下一項工作該做什麼。

哈佛大學的愛德華・班菲爾德博士經過十五年研究得出結論，認為美國社會和經濟地位上升的人，最重要的特點是具有「長遠觀點」。在決定你在生活和工作中是否成功方面，長遠觀點比家庭背景、教育、種族、智商、社會關係更重要，實際上比任何其他的單一因素更重要。

你對待時間的態度，你的「時間地平線」，對你的行為和你的選擇產生重大影響。跟不考慮未來的人相比，能夠從長遠觀點來看待生活和職業前途的人，似乎能對自己的時間和活動作出更好決定。

規則一：從長計議能改善所作出的短期決定

成功的人都有明確的未來方向，他們能想到未來的五年、十年、二十年。他們分析目前所做的選擇和行為，確保這些選擇和行為符合他們所希望的長遠未來。

在你的工作中，如果能很明確地知道從長遠看什麼是對你真正重要的，那麼，你就很容易就短期的輕重緩急作出更好的決定。

根據定義，具有長期潛在後果的事情就是重要的事情，很少具有或根本不具有長期潛在後果的事情就是不重要的事情。在開始做任何事情以前，你應當首先問自己，做這項工作或不做這項工作的潛在後果是什麼？

規則二：未來的意義影響往往決定目前的行動

你對你的未來意向越清楚，這種清楚對你目前所做事情的影響就越大。只要有了明確的長遠看法，你就能很好地評估目前的活動，並確保這一活動是符合你最終目標的。

成功人士是那些不輕易滿足，並願意作出短期犧牲進而能獲得長期更大回報的人。另一方面，不成功的人是那些更多地考慮短期的快樂並容易滿足的人，他們不怎麼考慮長遠的未來。失敗者所做的是緩和緊張，勝利者所做的是實現目標。例如，提早上班閱讀你那個領域的期刊，參加培訓以提升自己的技能，集中精力做好你工作中的高價值任務，這些加在一起就會對你的未來產生很大的積極影響。另一方面，最後一刻才趕來上班，讀讀報紙，喝喝咖啡，跟同事交際，從短期來說可能是很愉快的，但是，從長期來看，這樣做肯定會影響你的升遷，導致無所作為和沮喪。

如果一項工作或活動具有很大的潛在積極後果，就得把它列在優先位置並立即動手去做。如果某件事情不趕快做好的話可能會產生巨大的消極後果，那也得列在優先位置。任何必須做的事情，就要下決心把它做好。動力需要刺激。你的一個行動或行為對你的生活可能產生的積極潛在影響越大，一旦你明確地確定之後，你受到的刺激就越大，就有動力戰勝拖延並迅速把它做好。不斷地開始和完成那些能對你的公司和你的未來產生重大影響的任務，就能使你集中精力，勇往直前。

時間的腳步不會停止，問題在於你如何利用它，到週末和月底的時候你能達到什麼樣的目標。而你能達到什麼樣的目標，在很大程度上取決於你對你的短期行動可能會產生的後果考慮了多少。經常考慮你的選擇、決定和行為的潛在後果，這是確定你工作和生活中真正的輕重緩急次序的最好方法之一。

工作要全神貫注、精益求精

我們常常追求工作的速度，以至於我們談到高效率工作的時候，往往關注的都是如何在最短的時間內完成最多的事情。其實衡量工作的效率，不只是看單位時間內完成的數量，而且還要關注工作完成的品質。如果非要在數量和品質中分出一個高下的話，你一定會選擇品質的。因為我們寧可「慢工出細活」，也不願意接受大量的劣質「垃圾」。

要達到高品質的工作，首先需要的就是我們的全神貫注。我們必須全神貫注地聽我們的客戶、老闆以及同事們講話，以明確他們的要求和意見。這一點是非常重要的。我們必須清楚自己要做什麼，並且知道應該把事情做到怎樣的標準，才能夠採取下一步行動。這是一個方向感的問題，沒有這個方向感，就會讓我們走很多彎路，浪費許多時間和精力。也許你會說，做到這一點並不難啊！可是事實上，我們常常以為我們聽懂了要求，聽懂了意見，而實際上我們聽到的只是一小部分。

你可以回想一下，有沒有在別人的話剛剛開了一個頭兒的時候，我們就覺得自己已經知道了他要說些什麼，並且因此就放鬆了神經，對於後面他具體說了些什麼，根本就沒有認真聽。那麼在這樣的情況下，我們腦海裡面的要求和意見實際上就是我們自己想當然的要求和意見，而這與講話者的本意之間一定是存在出入的。如果出入不大，那還出不了太大的問題；但是如果是大相逕庭的話，那麼局面就很難收拾了。所以全神貫注地傾聽工作的要求和內容是十分重要的，是完成高品質工作的關鍵。

在我們清楚自己應該做什麼之後，我們就要對我們手上所具有的條件認真地進行分析了。我們研究我們擁有怎樣的有利條件，有什麼樣的資源是可以被我們所運用的，同時我們又存在哪些不足，有哪些對我們不利的因素存在。在我們認真地分析了我們的資源情況之後，就要開始制定工作的步驟和計劃了。在前面，我們已經強調過了計劃的重要性，這裡要強調的是分析我們所擁有資源的必要性。只有對現實的條件進行了周詳而客觀的分析，才有可能制定出切實可行的計劃。

而在我們執行計劃的過程中，我們更需要全神貫注。我們必須集中精神，觀察事情的發展，進而能夠在最短的時間內對新的變化做出回應。對於每一個步驟，我們都不能夠有絲毫鬆懈，因為任何一點點鬆懈都有可能導致前功盡棄，滿盤皆輸。

越是在工作即將結束、完成的時候，我們就越是不能放鬆警惕。我們必須要把一件事情圓滿地完成，並且避免一切可能存在的後患。只有這樣才能保證後面的工作能夠正常地進行。

要產生高品質的工作，我們還要具備精益求精的精神。「沒有最好，只有更好。」所以我們的努力就沒有完結。

我們不能止步於已經取得的成績，而應該不斷地為自己提出新的標準。既然我們做了這件事情，就一定要把它做到盡可能的好。這是我們每一個人都應該有的積極心態。

如果我們能夠良好地發揮精益求精精神的話，我們就會更加熱愛我們的工作，從我們的工作中獲得更多快樂。因為我們的精益求精會促使我們的工作獲得很大成果，我們的成績會推動我們進一步努力。我們在自己的工作中獲得了滿足，獲得了肯定，我們就會越做越好。

總之，要讓我們的工作成為高品質的工作，我們就必須全神貫注、精益求精。

在清醒的狀態下工作

我們都知道，一個人只有在清醒的狀態下工作，才會是高效率的。否則，就算我們花費在工作上的時間再多，效果也會很差。所以清醒的精神狀態對我們來說相當重要。

實際生活中，我們常常被工作的壓力壓得喘不過氣來，而且還會同時被很多的事情困擾，總是忙得暈頭轉向的。於是，眩暈啊、注意力不集中啊，都是經常發生的事情，而這樣的精神狀態直接導致了我們工作效率的下降。於是我們要思考：如何能在我們每天正常工作的八小時中，保證我們清醒的精神狀態呢？

獲得清醒狀態最好的方法，當然是休息。一個人只有休息得好，才有可能精力充沛地投入到工作中去。問題是，我們很難獲得高品質的休息。

高品質的休息，就是能將自己的身體和精神處在一種鬆弛的狀態，在這樣的過程中，我們的身體機能和精神狀態都能夠得到恢復。獲得高品質的休息，不是一件很容易的事情，最主要的原因在於我們很難做到「工作的時候工作，休息的時候休息」。其實我們的工作並沒有多到一點兒休息的時間都沒有，並沒有多到連吃飯、上廁所、搭公車，甚至睡覺的時候都要為工作傷腦筋。但是工作帶給我們的緊張情緒卻被我們毫無保留地帶到了我們工作以外的生活中。休息的時候，我們的腦海裡還是縈繞著有關於工作的種種細節，我們還是在潛意識的慣性作用下，處在工作的狀態中。儘管我們可能已經遠離了電腦，遠離了文件，但是我們的大腦卻還是和這些東西連在一起，遲遲不肯離開。更為嚴重的是，工作也蔓延到了我們的睡眠之中。我們當中有多少人可以每天享受到舒適的睡眠，而不被與工作有關的夢境所打擾？相信那個比例一定是小得可憐。

因此，問題的癥結就在於我們不能夠很好地在工作狀態與休息狀態之間實現轉換。我們經常是「一時間回不了神兒」，或者說我們不能很好地進入角色。讓你停止休息，馬上投入工作，可能不難；但是要你放下工作，馬上去休息一下，可就不是那麼簡單了。解決這個問題沒有什麼太好的方法，因為人畢竟不同於機器。如果是一台機器的話，只要設置一個ON／OFF的開關就好了，就能讓它說幹就幹，說停就停。可是人是不可能做到的，任何人在任何狀態間的轉化調整，都是一個漸變的過程，因此我們能做的就是讓這個漸變過程盡可能地短。

為了能夠更好地工作，必須要有高品質的休息。休息絕對不是浪費時間的事情。渾渾噩噩二十四小時不間斷地工作，一定不會比十二個小時全神貫注地工作產生更好的效果。這個道理，大家都明白，關鍵是，在你需要休息的時候，你能夠想到這一點，而不再把自己的精力停留在工作上。

關於休息，很多時候我們不是不去休息，而是到了精疲力竭，非休息不可，如果再不休息就可能倒下的時候，才會想到去休息一下。這種勤勤懇懇的精神實在是可貴，可是這種精神不但影響了你正常的休息，而且也使你做了很長時間的低效率工作。

道理是顯而易見的。你是到了自己的精力達到極限的時候，作出休息決定的，而在這之前，你的精力一定是經過了由強變為次強，由次強變為弱，由弱變為極弱這樣的一個過程，那麼也就是說，在你的精力處在弱和極弱的狀態下時，你都在忙於手上的工作。於是你就可以大概估算出你做了幾個小時的低效率工作。

低效率的工作我們放在一邊，不用再多說。現在要思考的是，當你的體能和精力達到極限之後，你需要付出高於平時多少倍的時間，才可能使自己的體能和精力恢復到良好的狀態呢？一天的蒙頭大睡，還是大睡不成又起來工作，而進入惡性循環呢？如果是一天的蒙頭大睡的話，那也就罷了，因為雖然這個階段的工作明顯地投入高於了產出，但最終還是能重新精神飽滿地投入下一階段的工作。但是如果大睡不成，那可就慘了，下一階段的工作依舊在「半明半暗」的狀態下進行，效率和品質一定不會太高，而且無形中進入了惡性循環。你總是在精力不能得到及時的補給之前，又被生拉硬拽地投入了工作。久而久之，早晚有一天，不是你的工作垮了，就是你垮了，再或者，最悲慘的結果就是一同垮掉了。

所以，給你的忠告是，不要等到非休息不可的時候才去休息。我們應該學會常常休息，在疲憊到來之前休息。只有這樣才能讓我們的精力一直保持旺盛，能夠讓我們在清醒的狀態下高效率地工作。

精通節省時間的戰術

「你珍惜生命嗎？」班傑明．富蘭克林說，「那麼別浪費時間，因為它是構成生命的材料。」不時地有人這樣對你說：「在你空閒時間裡再做那件事吧！」但事實上並沒有「空閒的」時間。

在美國北部的一個大公司裡，一位年長的經理要求每一位出席會議的人「埋頭苦幹」。在會議結束時，他用每人所花費的時間計算出會議的總代價，然後再按每人的平均薪資，換算成美元。這位經理形成了他的觀點。會議看起來無須花費什麼，但它們實際上是非常昂貴的，因為時間就是金錢。

的確，一切時間都有價值。絕大多數獲得成功的人都是精通節省時間戰術的人，這些戰術可以簡述如下：

保持焦點，明確當務之急

「除非你有一個當務之急的意識」，布朗說，「否則，你越整天苦幹，離你開始時的目標就會越遠。」

確定當務之急的一個方法是建立一個「行動」一覽表。每天晚上，記下第二天要做的頭幾件事情，並且一天回顧幾次這張日程表時間管理顧問泰勒認為完成表上之事的最好方法，是給每項任務一個特殊的時間段。

保持最佳情緒

良好的情緒是人生的潤滑劑，可以促進生命運動，給人以充沛精力。誰都有經驗，人在情緒好時，心情輕鬆，工作狀態就佳。良好的精神狀態可以大大提高有用功，減少無用功。因此，要努力使自己熱愛事業、熱愛工作、熱愛生活、樂觀豁達、目光遠大。永遠切記，旺盛的精力、良好的心情，會使你擁有充實而有意義的高品質人生；反之，憂慮、焦慮和痛苦，這些情緒既不能挽回過去，也不能改變未來，只會貽誤寶貴的現在，浪費寶貴的時間。

遇事三問法

這種方法的要旨就是以盡可能少的時間辦盡可能多的事情，從時間中節約時間。具體方法是對遇到的事情提出三個問題：一、能不能取消它？首先找出有些什麼事根本不必做，有些什麼事做了也是全然浪費時間，無助於成果。如果有些事不做，也不會有任何影響，那麼，這件事便該立刻停止。二、能不能與別的事合併？就是把能夠合併起來的事盡量合併起來做。三、能不能代替它？用費時少的辦法代替費時多的辦法而同樣能達到目的，當然是最佳方案了。

現成模式

很多想走在前面的人花費有用的時間寫感謝信、慰問信和賀信。但是當它們變成例行公事的便函、信件和表格時，透過依靠事先寫好的資料，他們能節省大量的時間。

電話情報

金融家透過電話把買賣聯繫在一起，獲得財富。他最重要的戰術是打電話之前做筆記，「我直接進入要點，我從不談論天氣，我把業務放在至高無上的位置。」管理打電話的時間是一種應該在商業學校裡教授的至關重要的技巧。

現在就做

非常多的人浪費時間在於「著手進入開始狀態」。他們花費了很多的時間準備做一件事，以致他們沒有剩餘時間去做這件事了。如果立即著手行動，你就會驚奇自己做得有多快！記住，栽一棵樹最好的時間是二十年前，第二個最好的時間就是現在。

凍結設計

很多有希望的年輕人不知道何時停止研究一些東西。工程師們被要求在一個確定的日期拿出最好的解決問題方法，即使一個設計不是完美無缺的，他們已經在一個確定的期限裡完成他們所能做到的最好的工作。工程師們把它稱為「凍結設計」。成功的時間管理者都懂得什麼時候值得為十全十美而奮鬥，什麼時候只有放棄十全十美才是最好的。

不得不走

「生活中，有許多人不懂得該如何拒絕，以致於他們在來訪者身上浪費了過多的時間。」建議：可以直接給來訪者一個提示，控制自己的日程，還可以用微妙的暗示，諸如向前挪動椅子，把紙張疊在一起，或者用一個長的停頓揭示時間的飛逝。如果會議比計劃要長，若想加速進行，可以說「很抱歉，我剛看了看錶，你是否還有其他要談及的。」皮包裡放一個設定十分鐘的計時器，當鈴響時，你就宣布需要赴另一個約會。

避開高峰

透過生活於非高峰期，避免排長隊、交通擁擠等浪費時間的行為。《永遠向左轉》的作者肯．庫伯如此建議：在人潮開始前早點去餐廳，別在星期五下午兌換支票，在晚餐期間去買東西（那時大多數人正在家裡）。在別人去吃飯的時間裡使用辦公室影印機，你就不必等待。早點去上班或晚點下班，其他人也不在周圍，打通電話就會更快一些。盡量選定中午的航班，那時飛機不會在跑道上等待或在空中盤旋。

考慮代價

有人曾觀察過人們排起近百公尺的長隊等候一個小時購買一份三點九九美元的早餐。而五十步之外，就有一個餐廳，如果去那裡馬上就能坐下來吃飯，只不過價格貴了二美元。同樣是早餐，你卻用二美元獲得了寶貴的一小時時間，而這一小時對想要成功的你來說是極其重要的。

有許多屬於一分錢智慧幾小時愚蠢之類的事例。如果你選擇到機場的公共汽車代替計程車，你就丟失了有價值的時間等待公共汽車到來。你外出做一個小時的買賣可以賺二十美元，卻自己清掃房子而不肯每小時花十美元雇一個保姆，也是一種愚蠢的行為。當然，除非你更喜歡打掃房間。

利用技術

保存你的工作紀錄在電腦上而不是筆記本裡，因為電腦有一種搜尋的功能，可以在幾秒鐘之內找到內容。你也可以買電腦軟體，它會為你寫出並支付所有帳單。

別手寫信件再讓祕書影印——把它們口授在錄音機上。研究證明，那樣口授具有比手寫一封典型的一百八十五個詞的信件快三倍的優越性。

時間是寶貴的，一去而不復返，千萬別等到失去了才知後悔。精通節省時間的戰術，你的人生將更有價值、更有意義，而你必將變得傑出，你的生活也會更加輕鬆、愉快。

第七章　培養受人歡迎的個性，贏得更多欣賞

如果你擁有受人歡迎的個性，你就會像黑夜裡發光的螢火蟲，不僅照亮自己，而且能贏得別人的欣賞——當人們欣賞一個人時，往往會用幫助的形式表示愛護——好運因此而降臨。

在人際交往中，受人歡迎的個性是相當重要的。擁有受人歡迎的個性就縮短了你與他人之間的距離，使得你們之間的溝通更加地直接、更加地簡單。擁有受人歡迎的個性往往也就拿到了「金牌令箭」，有了它，各式各樣的事情往往能出你意料地迎刃而解。

我們可以回想一下，在日常生活中我們是怎樣對待個性各不相同的人的。當我們和自己喜歡、自己欣賞的人打交道時，往往心情愉悅，我們願意和這樣的人合

作，也願意向這樣的人提供幫助。相反地，和一些個性突兀的人在一起，我們可能會礙於很多因素而和他們合作、交流，但是從中我們根本無法獲得快樂，甚至想著等到這件事情過後，盡可能地不要再和這個人有任何瓜葛。

培養受人歡迎的個性，並不是為了迎合或是取悅他人，而是讓自己散發出的魅力能夠深深地吸引並且感染每一個和你有接觸的人。受人歡迎的個性是你在現代生活中獲得優秀的人際關係資本，是不可或缺的能力。

一個人可能因為性情溫和而受到歡迎，也可能因為為人慷慨而受到歡迎，可能因為善解人意而受到歡迎，也可能因為剛正不阿而受到歡迎。受人歡迎的個性包括各種方面，而這些優秀的個性，是不可能全部集中在一個人身上的。我們要做的就是從每個人身上蒐集這些優秀的個性，然後盡可能地將它們全部裝備在自己的身上。

學會體諒

學會體諒別人，嘗試著站在別人的立場上思考，這是一種非常受人歡迎的品格。

每一個人都希望得到別人的理解和體諒，可是理解和體諒並不是廉價的東西，在好朋友、戀人甚至親人之間，能夠做到凡事彼此理解和體諒都是相當不容易的，更何況是在同事之間。

人與人之間不能夠彼此理解的原因在於個性的不同，不同的個性導致了不同的行為方式。一種個性對於另外一種個性的認同，不是很容易做到的。這和有人喜歡吃辣，有人喜歡吃酸是一樣的。讓喜歡吃辣的人轉而喜歡吃酸是很痛苦的事情，讓喜歡吃酸的人轉而吃辣也是很殘忍的。

但是問題是，理解並不意味著讓喜歡吃辣的人轉而喜歡吃酸，理解並不是認同，理解更多地是接受，是對於另外一種個性和行為方式的接受。

喜歡吃辣的人不會因為自己的朋友喜歡吃酸而和他絕交，原因就在於他們可以彼此理解，彼此接受。雖然吃辣吃酸的例子聽上去很荒唐，但卻很容易地說明了這個道理：要學會接受別人的行為模式。

接受別人的行為模式是理解的基礎，是最基礎的一步。

每個人都有自己的個性，世界上很難存在完全情投意合的人。但是人與人之間還是可以相處得很融洽，就是因為有理解的存在。「我可以不認同、不採取你的做法，但是我可以理解、可以接受你做的這一切。」這就是對接受的最精煉概括。

我們自身的個性並不完美，也就是說我們的行為模式絕對不是沒有疏漏的。如果我們可以這麼想的話，那麼我們就能很輕易地接受別人的行為模式。因為不管他的行為模式是好是壞，一定都有值得我們學習的東西。例如：阿志可能總是慢條斯理，不急不徐，但是大大小小的事情交給他，都不會出差錯；可能小明平時總是嘻嘻哈哈，喜歡亂聊八卦，但是樂觀的他是一個熱心腸，你心情不好的時候，總會想起來去找他；可能志強平時總是一副高高在上的樣子，沒事也會臭屁他在台大讀MBA的經歷，但是他遇到事情的時候，那種冷靜而準確的決斷力的確是無人能比。每一個人的個性中都有可愛的一面，積極的一面，所以每一個人都可以做我們的老師。

但是，每一個人也都有可惡的一面，而我們還是可能和他們成為朋友，原因就在於彼此的接受。

其實我們沒有理由對任何一種行為模式說「不」。因為很多時候，只是每一個人的想法不同，追求不同，而非真正存在什麼對錯之分。我們眼中的刺，未嘗不是別人眼中的玫瑰！無論是什麼樣的行為，總有它存在的理由。而這些理由不可能全部為我們所知，就算我們知道，也會因為每一個人所處的環境不同，很難對這些理由有真正的理解。

我們可以接受一個人脾氣暴躁，因為他的教育程度不高，而他現在又面臨著巨大的生存壓力；我們也可以接受一個人心高氣傲、咄咄逼人，因為他一路走來都順順利利，還沒有受過什麼挫折，還不知道「謙受益」的道理；我們可以接受一個人嫉妒心強、不擇手段，因為他從小就飽受生活的折磨，他的遭遇沒有教給他更多「善」的東西，他還沒能意識到「與人為善」其實能夠帶給他更多。

雖然有很多行為在我們看來是一定不可能發生的，很多個性也是永遠都不可能發生在我們身上的，但是我們卻無法控制它們不在別人的身上發生，而它們發生在別人的身上，也一定會有合理的理由。

如果我們可以嘗試在接受這些行為的基礎之上，去尋找它們存在的理由，那麼我們就從這一刻開始去理解別人，我們就試著站在別人的立場上去思考問題，而不是以我們的想法為綱了。

所以說，真正發自內心地接受一個人的行為，並且能夠試著從他的立場去思考，去理解他，去體諒他，真是很難做到。因為在這其中，要有包容、要有耐心，而更重要的前提就是有一顆善良而平和的心，能夠微笑著面對每一個人。

我們善意的理解能夠為我們的朋友、我們的同事帶來偌大的溫暖，善意的理解所帶來的實際效果，要比我們想像得大得多。

不輕易批評別人

卡內基警告人們：任何自作聰明的批評都會招致別人的厭煩，而缺乏體貼的責怪和抱怨，則更有損於人際關係的發展。

在日常生活裡，常會發生這種情形——你覺得和某個人說話很無聊。那個人通常是個陰沉，言而無信，又喜歡說別人壞話的人。這種芥蒂只會使彼此相處得更不融洽。如果你認為對方是個沒有內涵的人，不管你是否將此事說出，都會讓你的人際關係變得狹窄起來。

例如你和同事閒聊，提到某位同事並不怎麼樣，對方雖未必反駁你，但實際上他心裡卻別有反應。首先他會想：你為什麼總喜歡讓自己看起來那麼了不起，總是以說別人壞話，來提高自己的形象呢？第二，他會覺得你缺乏體貼他人的心胸。任何人皆有優點和缺點，與其揭人之短，何不提出對方的優點，給予適當的肯定呢？第三，他會對你產生不信任感。誰知道自己在什麼時候也被你批評一番呢？

要知道，永遠自以為是，動輒責備他人的人，往往會令人生厭而自討沒趣。

事實上，任何人難免都有缺點或過失，也許正由於不完美，才會成為「人」而不是神。而生活中，往往有自私自利的人給別人一些所謂的「忠告」，例如：「你就是因為這樣，才會總是犯錯」等諫言；他們通常採用斷然的口吻說，有時也常裝模作樣，一副「看我的」這種態度。他們總自以為將自己注意到的事告訴對方，即是為對方設想的「忠告」。當然有些「忠告」也許是真正的善意，但這種自以為絕對正確的想法，未必會為對方帶來正面影響。

即使是善意的忠告也絕對要顧全對方的立場或面子，否則極可能造成反效果。

卡內基教導學生：要使別人接受，必先使人說「是」。一連串的「是」之後，就會有歡喜的「心情」。這不僅僅是智謀，更是印證技術。有時，「今天天氣真好」這樣的話語，不一定就是廢話，那是不可缺少的藥引子。

同時，批評絕對不要提及關於對方個性上的缺失，尤其當對方努力治癒這些傷痛時，倘若遭受他人的觸碰，往往會令其感覺更痛，因而造成相當的敵意。

原本善意的忠告未經考慮就脫口而出，而且在第三者面前一再提醒對方，首先便會令他在心理上深深不以為然，覺得是你讓他陷入如此尷尬的局面，不論你的本意如何，定會被對方曲解。即使是二人單獨相處，太過單刀直入地說別人的缺點，對方也會覺得「這個人一副很了不起的模樣！」這樣的誤解，便會產生反感，甚至從此疏離你。

羅賓森教授在《下決心的過程》一書中說過一段富有啟示性的話：

「人，有時會很自然地改變自己的想法，但是如果有人說他錯了，他就會惱火，更加固執己見。人，有時也會毫無根據地形成自己的想法，但是如果有人不同意他的想法，那反而會使他全心全意地去維護自己的想法。不是那個想法本身多麼珍貴，而是他的自尊心受到了威脅。」

因此，不到不得已時，絕不要自作聰明地批評別人。而且即使批評，也要講求批評的藝術。

卡內基總結了幾種不會招致別人厭煩的批評方式：

- 批評從稱讚和誠摯感謝入手。
- 批評前先提到自己的錯誤。
- 用暗示的方式提醒他人注意自己的錯誤。
- 領導者應以啟發而不是命令來提醒別人的錯誤。
- 保留別人的顏面。
- 卡內基的這些原則雖然簡單，但是也非常有效，熟練地運用它們，一定會改善你周圍的人際關係。

學會傾聽

大多數人，要使別人同意自己的觀點時，將話說得太多。尤其是產品業務員，常做這種得不償失的事情。盡量讓對方說話吧，他對自己事業和他的問題，了解得比你多，所以向他提出，讓他告訴你幾件事。

如果你不同意他，你也許會很想打斷他。拿破崙．希爾指出，千萬不要那樣，那樣做很危險。當他有許多話急著說出來的時候，他是不會理你的。因此你要耐心地聽著，抱著一種開放的心胸，讓他充分地說出他的看法。

如果你要得到仇人，就表現得比他人優越吧；你要得到朋友，要讓他人表現得比你優越。這句話是事實，當我們的朋友表現得比我們優越，他們就有了一種重要人物的感覺；當我們表現得比他還優越，他們就會產生一種自卑感，變得容易羨慕和嫉妒。

志玲在她的同事之中連一個朋友都沒有，因為每天她都使勁吹噓她在工作方面的成績、新開的存款戶頭以及她所做的每一件事情。

志玲這麼說：「我工作做得不錯，並且以此為傲，但是我的同事不但不分享我的成就，而且還極不高興。我渴望這些人能夠喜歡我，我真的很希望他們成為我的朋友。在聽了好友提出來的一些建議後，我開始少談我自己而多聽同事說話。他們也有很多事情要吹噓，把他們的成就告訴我，比聽我吹噓更令他們興奮。現在當我們有時候在一起閒聊的時候，我就請他們把他們的歡樂告訴我，好讓我分享，而只在他們問我的時候我才說一下自己的成就。」

志玲明白了傾聽的重要性，她成了一個受歡迎的人。的確，我們能從自己的勝利中得到快樂，而別人未必如此，我們大談自己的勝利，卻因此容易招來別人的反感。因此，我們對於自己的成就要輕描淡寫。我們要謙虛，這樣的話，我們永遠會受到他人歡迎。

我們應該謙虛，因為你我都沒什麼了不起。我們都會去世，百年之後就會被人忘得一乾二淨。生命是如此短暫，請不要在別人面前大談我們的成就，使別人不耐煩，我們要鼓勵他們談談他們自己才對。回想起來，我們反正也沒有什麼驚天動地的成就業績好談的。你知道什麼東西使你有更多的人緣嗎?那就是傾聽他們的話語。

因此，如果你要別人同意你的觀點，應遵循的規則是：

「使對方多多說話。」

試著去了解別人，從他的觀點來看待事情就能創造奇蹟，使你得到友誼，減少摩擦和困難。

恰當讚美，能拉近彼此的距離

讚揚可以奇蹟般地激勵他人，使其在生理上和心理上都振奮起來，反過來也激勵和振奮我們自己。

一位成功者指出：讚揚、致謝、感恩的話語，能擴大、釋放或以任何方式輻射能量……。透過讚揚，你可以把一個怯懦者變成堅強者，把一顆恐怖的心靈改造成和平而自信的心靈，使極度神經衰弱者恢復平衡和力量，使即將倒閉的企業重獲成功，使不滿和抱怨變成滿足和支持。

我們每個人，不管在什麼時候，在什麼地方，都非常喜歡受到別人的讚揚。一旦別人讚揚了我們，我們就會覺得對方是知己，自己的人生價值得到承認，我們為此而快樂和振奮，於是我們也願意付出我們所擁有的東西，我們樂意把事情做得更好。

恰當地讚揚別人很重要，它往往會收到意想不到的效果，比用嚴厲的語言去批評要好上十倍、百倍。

戴爾．卡內基講述了下面的故事和體會：

大約四年前，我認識了沃特．黑利，一個來自達拉斯，成功的、精力充沛的人。我們的相識令我終生難忘，因為我和沃特很快就建立起了極其融洽的關係。在一次短暫的拜訪之後，他帶我去參觀他的一項與眾不同的投資項目。他當時在做保險生意，有一個新的想法，就是向全國成千上萬的獨立食品雜貨商批銷保險，他以食品雜貨倉庫作為他發展事業的基地。

有一次去參觀一個巨大的倉庫。進去後，他停在一個接線生面前，說：「我想告訴你你做的工作多麼了不起，因為你讓人們打電話時心情愉悅。」這個接線生很開心地笑著說：「謝謝你，黑利先生，那正是我盡力做的。」接著，我們走進辦公區。當走過一個部門時，黑利先生對我說：「齊格，我們進去一下，我想讓你認識一個人。」他走進辦公室，向裡面的主管做了自我介紹，然後說：「雖然以前我們沒有見過面，但是我知道你的這個部門。我只是想讓你知道我對這裡發生的一切都很了解，自從你接管這個部門以來，我們沒聽過顧客的一句抱怨，這是你的功勞。」這個主管聽後露齒而笑，說：「噢，謝謝你，黑利先生，我要盡我最大的努力來做好我的事。」

走上樓，剛要走進裡面的辦公室，他突然停下來說：「齊格，我想介紹你認識坐在桌子後面的那位最偉大的祕書。」然後他走到祕書面前說：「我想我從來沒有告訴你這樣一件事，就是我妻子認為是你把月亮掛上了天空，並相信你能隨時把它摘下來，因此我請求您不要這樣做。」祕書微笑著說：「我很高興聽您這麼說。」接著我們走進保險業務辦公室，他說：「齊格，來和這位最優秀的保險工作者握握手，他是這個行業中的佼佼者，因為他是那樣勤奮、不辭勞苦。」

這整個過程不超過十分鐘，但沃特．黑利卻使每個人都以高水準的工作標準來要求自己。他給予員工的是真誠的稱讚，他得到的將是他們對工作、對公司的滿腔熱情。我敢保證，在黑利先生的這種激勵下，公司員工的工作效率會越來越高。我還敢保證沃特．黑利對這次行程的結果很滿意——我也一樣。只要你願意去鼓勵別人，他們的表現就會越來越好，你得到的報償就會越來越多。

從卡內基的故事和話語中，我們知道恰當地讚揚別人是很重要的，它能拉近人與人之間的距離，讓別人對你充滿好感，充滿信任。

真心待人可以獲取更多人情

一個人只要對別人真心感興趣，在兩個月之內，他所得到的人情，就比一個要別人對他感興趣的人，在兩年之內所得到的人情要多得多。

《職業婦女》雜誌主編波維琪曾經在《新聞週刊》工作了二十五年。她是以祕書受僱，後來升任為研究員，最後榮膺《新聞週刊》第一位女性資深編輯。這個職位表示她必須督導作家與編輯，而他們以前曾經是她的主管。波維琪回憶說：「事情發生了有趣的逆轉。」

其實大部分同事對她的晉升都相當認同，只有一位編輯不以為然。波維琪說：「那位編輯從一開始就無法接受這個安排，倒不是因為討厭我，而是因為他認為我得到這個職位憑的只是性別，而非真才實學。我是從別人那兒聽說他的想法，當著我的面，他什麼都沒表示過。」

波維琪盡量保持平靜，她讓自己盡快進入新角色。她協助提供故事的新點子，她經常與作家們交談，她對轄下的六個部門——醫藥、媒體、電視、宗教、生活方式與理念——都表現出真正的興趣。

波維琪晉升後六個月左右，有一天這位編輯走進她辦公室坐在她對面的椅子上，對她說：「我得告訴妳，當初我對妳的晉升很不以為然，我覺得妳太年輕、經驗不足，只因為是女性就得到了這個職位。」

「但是，現在我想告訴妳，我真的很感謝妳對工作的濃厚興趣，以及你對作家們與編輯們的關切。在你以前的四位資深編輯，我對他們只有一個印象，那就是他們只把這個職位當作跳板，沒有一位真正關切這份工作。而妳卻完全不同，妳是真正對這份工作感興趣，並且對每個人感興趣。」

毫無疑問地，波維琪把她多年培養起來的管理風格帶到她在《職業婦女》雜誌的新職務上。她說：「你應該認真對待每一個人，絕對不能拒人於千里之外，而且必須經常與他們接觸。我常常走動以便與同仁交談。我們有一套聚會系統，因此每一位同仁都知道某一天的某個時間，會有機會與我單獨談話。他們一定會有機會、有時間說想說的話。我對他們的所做所為很感興趣，我對他們的工作感興趣，我對他們這個人本身更感興趣。」

對他人表示真正的興趣——只有這樣才能令別人對你感興趣。人們只有在別人的真誠關切下才會有所回應，因為他們沒辦法不回應。

總之，真誠地關心他人，沒有比這更有效、更有價值的。只有你真心待人才可以獲取更多人情，擁有更多朋友，你也會因此得到更多回報。

時刻保持微笑

微笑的魔力是巨大的，大家都認同這樣一個觀點。似乎一個簡單的微笑就可以拉近人與人之間的距離，而使我們彼此變得親切起來。

時刻保持微笑，在我們日常的工作中，我們應該做到這一點。雖然在這個時代，酷酷的表情十分有市場，但是也只限於少男少女的夢幻中。在實際生活中，我們都更喜歡有親和力的人，而不是特立獨行，拒人於千里之外的人。

在辦公室裡，一個人是否具有親和力，將對他的工作以及人際關係產生很大的影響。一個有親和力的人是受人愛戴的。而一個人是否具有親和力，除了受他本身個性的影響之外，還取決於很多外在的行為方式，微笑就是最簡單並且最有效的一個方式。

其實，當你隨時保持微笑的時候，首先的受益者就是你自己。微笑可以緩解我們的壓力，微笑可以緩解我們的憂愁，微笑可以為我們自己帶來信心，微笑可以讓我們看到眼前的希望。微笑能夠帶給我們好的心情，帶給我們一份平和的心境，這樣無論我們面臨什麼樣的問題，都可以輕鬆地解決。微笑表達了我們的樂觀，微笑傳遞了我們的豁達，微笑在無形之間給予了我們自己巨大的推動力。微笑的魔力比我們想像得要大得多。

隨時保持微笑，受益的不但是自己還有你周圍的人，當你向一個人微笑時，你向他表示的是「你好」、「我喜歡你」、「你使我感到愉快」、「非常高興見到你」。

有種不真誠的笑，那種笑騙不了任何人。我們知道那種笑是機械的，令人討厭的。我們這裡所說的是那種真正的笑，出自內心，給人以溫暖的微笑。這種微笑才有價值。

一個紐約大型百貨公司的人事經理說，他寧願僱傭一名有可愛笑容而沒有唸完中學的女孩，也不願僱傭一個板著冷冰冰面孔的哲學博士。

當年聖路易紅雀棒球隊的三壘手，目前是全美最成功的推銷保險人士之一的富蘭克林．貝特格說，他好多年前就發覺，一個面帶微笑的人將永遠受歡迎，因此，在進入別人的辦公室之前，他總會先停留片刻仔細想想必須感激這人的事，然後帶著一個真誠的微笑走進去。他相信，這種簡單的技巧與他推銷保險的巨大成功有很大關係。

請細讀這段忠告——但切記，細讀對你無濟於事，除非你把它應用起來：

「每當你出門的時候，應該縮起下巴，把頭抬得高高的，讓肺部充滿空氣；沐浴在陽光中，用微笑來招呼朋友們，每次握手都使出力量。不要擔心被誤解；不要浪費一分鐘去想你的敵人。試著在心裡肯定你所喜歡做的是什麼，然後在明確的方向之下，你會徑直去實現目標。心裡想著你所喜歡做的那些有意義的事情，當歲月消逝的時候，你會發現自己有意識地掌握了實現你的希望所需要的機會，正像珊瑚蟲從潮水汲取所需的物質一樣。在心中想像著那個你希望成為的誠實的、智慧的、能幹的人，而這種想法，會使你每時每刻都在向那個理想的人轉化……思想是至高無上的。保持一種正確的人生觀——勇敢、坦白和愉快。思想正確就等於創造一切事物來自希望；而每一個誠摯的祈禱，都會實現。我們心裡想什麼，就會變成什麼。把下巴縮起來，把頭高高昂起，我們是明天的上帝。」

請不要吝惜你的微笑，其實，只需要你的嘴角稍稍地上揚，只需要你的眼睛裡閃爍著希望，你就是在微笑了。運用你的微笑吧！為了自己，也為了你周圍的每一個人。

第八章　藐視困境，堅強地面對一切

人生之路到處充滿挫折與失敗，但不必畏懼，因為每一次的失敗都伴隨同等利益成功的種子。只要你勇於面對一切，經得起人生的考驗，必會得到豐厚的報酬。當你藐視困境之時，困境在你面前會令人奇怪地轟然倒地——這個過程猶如神助一般。

順境的美德是節約，逆境的美德是堅忍，而後一種是較為偉大的德性。

在人生的旅途中，每個人都有各自不同的遭遇，即命運。有的人一帆風順，屢逢良機，功成名就；有的人歷盡坎坷，幾經磨難，潦倒終生；有的人先苦後甜，結局美滿；有的人先甜後苦，抱憾而終。於是，人們對這如浮雲般不可捉摸的命運迷惑不解，開始相信那種「生死有命，富貴在天」的天命觀，清靜無為地聽從命運的安排，讓人生這一葉扁舟無槳無舵地置於生活的海洋中，任憑命運的風浪將它飄遊、顛簸、淹沒……。

但是，法國著名作家羅曼．羅蘭說：「宿命論是那些意志力缺乏的弱者找來的藉口，強者、勇者和智者他們都相信自己的力量，不論處於何等艱苦危難的境地，總能滿懷信心地扼住命運的咽喉，與各種殘酷的厄運拚搏，做主宰自己命運的主人。而只有弱者、愚昧者才相信天命，聽任命運的支配與驅使。」

宿命論，不過是失敗者無聊的自慰，不過是懦怯者的解嘲，我們的前途只能靠自己的意志、自己的努力來決定。

然而，在逆境中，為什麼有人可以得到正面效果，有人卻收到負面效果呢？其實並不是逆境造成負面效果，關鍵在於接受逆境的人。這就是說，遇到逆境時有「見鬼去吧！這樣的困難才不會讓我認輸」的想法，代表此人在面對困難時，能以不服輸的精神去挑戰，如此才有飛躍的進步而克服逆境。

現實是殘酷的，現實正由於殘酷而精彩。只有在挫折中不斷錘鍊，才能鍛造成一種鐵的品質。挫折可以使強者越強，勇者越勇，也可以使弱者更弱，從此一蹶不振。做強者還是弱者，全由你自己選擇。

培養堅忍的毅力

「堅忍不拔」一詞聽起來既不豪情萬丈，也不雄壯威武，但是堅忍不拔對於人格的重要性，正如碳之於鋼。

在化渴望為對等利益的過程中，堅忍不拔是重大元素。堅忍不拔的基礎是意志力。

意志力若與渴望結合得當，是一對無可匹敵的絕配，看那些成功者，他們無一不是將意志力與堅忍不拔結合起來，作為渴望的後盾，才能確保自己達成目的。

大部分人都準備好隨時抽腿脫身，棄目標不顧，一碰到第一個反對訊號或壞運氣，就半途而廢。只有少數人不達目的絕不終止，不管一切反對的力量，繼續堅持到底。

缺乏恆心毅力是失敗的原因之一。沒有恆心毅力的話，人會受挫失敗，甚至在宣戰開打之前，你就已先失利。堅忍不拔，你就會是贏家。

那些已培養出恆心毅力的人似乎像保了險一樣，樂於不再失敗。無論他們再受挫多少回，仍將朝著階梯的頂端邁進，直至抵達終點。有時候，彷彿是有位隱形的指引者，藉著各式各樣的磨難來折磨攀登者。那些在失意之後收拾好自己，捲土重來，繼續努力嘗試的人，終將登頂，全世界的人都會說：「好棒啊！我早就知道你可以辦到的！」隱形嚮導是不會讓沒有透過耐力考驗的人坐享巨大成就的。

經得起考驗的人會以其恆心耐力獲酬至豐。不論他們所追求的是什麼目標，都能如願以償，作為吃苦耐勞、堅忍不拔的補償。這還不是他們得到的所有一切。他們得到的是比物質彌補更重要的經驗：「每一次失敗都伴隨著同等利益成功的種子。」

芬妮．赫斯特的奮鬥史裡，就有這樣一則故事。

她二十五歲那年來到紐約，要化寫作為財富。轉化並沒有在一朝一夕間來到，但終究是來臨了。有四年之久，她夜以繼日地工作並懷抱夢想。希望變黯淡的時候，她沒有說：「好吧！算你贏了！」她說的是：「很好，你可能打倒不少人，不過，那可不是我！我會逼你放棄。」

在她能有一篇故事刊登在報紙上之前，該報已退了她無數次稿。一般作家和其他人都一樣，碰到第一次退稿就會放棄了，但她沒有放棄，因為她決心要贏。

之後，回報來了。魔咒一下子解除了，無形的嚮導已考驗過芬妮．赫斯特，赫斯特也透過測試了。從此以後，她家裡出版商往來絡繹不絕，鈔票來得飛快，她幾乎來不及數。然後是拍電影的人發掘了她，之後鈔票不是零零碎碎地來，而是有如洪水泛濫一樣排山倒海而來。

恆心毅力是一種心智狀態，所以是可以培養訓練的。恆心毅力奠基於確切目標，其中有：

(一)目標堅定。知道自己所求何物是第一步，而且也是培養恆心毅力最重要的一步。強烈的動機可以驅使人超越諸多困境。

(二)渴望。追求強烈渴望的目標，相形之下是比較容易有恆心毅力並堅持到底的。

(三)自立自強。相信自己有能力執行計劃，可以鼓舞一個人堅持計劃不放棄。

(四)計劃確實。即使是不太扎實的計劃、不夠實際的計劃，都能鼓勵人堅忍不拔。

(五) 正確的認識。知道自己的明智計劃是有經驗或以觀察為根據，可以鼓勵人堅定不移；不知情況就猜想，則易摧毀恆心毅力。

(六) 合作。與他人和諧互助、彼此了解、聲息相通，容易增長恆心毅力。

(七) 意志力。集中心思，擬定計劃以達成確切目標，可以帶給人恆心毅力。

(八) 習慣。恆心毅力是習慣的直接產物。可以用強迫自己採取行動的方法，來對抗最大的敵人——恐懼。每個在作戰中積極行動過的人都知道這一點。

培養恆心毅力成為習慣，有四個簡易的步驟。這些步驟不須用到大量的智慧，也不必用到教育背景，只要用一點點時間，或下一點點功夫。必要步驟有：

- 由灼熱的渴望，支持自己實現確切的目標。
- 以連貫行動執行確切的計劃。
- 把持住不為負面因素影響牽動的心，包括親友故舊的負面暗示。
- 和鼓勵自己執行計劃、追隨目標的人建立友好關係。

困境依然留存著希望

生活中，有許多人一遇到挫折便會不戰而敗，捶胸頓足，怨天尤人，這樣的人永遠無法走出困境。真正成大事者，則會滿懷希望。

希望使人增強了對挫折的心理承受能力。經歷過挫折打擊而能心平氣和地忍耐下來的人，都有一種切身體驗：人之所以能夠忍耐，是因為他對未來充滿了希望。在挫折面前只有充滿希望，永不放棄，才有機會取得成功。否則，如果一個人絕望了，對未來不抱任何希望，他就不會忍耐，而會有錯索性錯下去，自暴自棄，不去做任何努力，對一點點挫折都失去了承受能力。從這個意義來說，希望是奔向前途的航標與指路明燈。人若沒有了希望就會迷失方向，生活就會失去意義。成大事者之所以對挫折的心理承受力強，就是因為他們相信「山重水複疑無路，柳暗花明又一村」。

成大事者在對人生充滿希望的同時，也表現了他們對人生積極樂觀的態度。成大事者積極樂觀的態度就是在挫折中主動尋找幸福。即使道路坎坷，荊棘遍布，強者也能主動地尋找幸福，愉快地享受生活。他們在不能取得大勝利的時候，也樂於接受小小的勝利。

有這樣一則故事很能說明樂觀者的人生態度。

一個人與一位準備遠航的水手交談，他問：「你父親是怎麼死的？」「出海捕魚，遇到風暴，死在海上。」「你祖父呢？」「也死在海上。」「那麼，你還去航海，不怕死在海上嗎？」水手問：「你父親死在哪裡？」「死在床上。」「你的祖父呢？」「也死在床上。」「那麼，你每天睡在床上不害怕嗎？」

這個故事含有深刻的人生哲理。言簡意賅，反映出了水手明知祖父、父親都死在海上，卻沒有因失去親人的痛苦挫折而改變自己的奮鬥目標，仍然樂觀地從事自己喜歡的事業。

樂觀是指人在遭受挫折打擊時，仍堅信情況將會好轉，前途是光明的。從情緒智商的角度來看，樂觀是人們身處逆境時不心灰意冷、不絕望、不憂鬱消沉的心態。與希望一樣，樂觀能施恩於人生。當然，樂觀必須根植於現實，如果盲目樂觀，其後果絕不樂觀。

樂觀對挫折中的人有如下作用：

樂觀能為人排遣痛苦

樂觀是一種良好的心理特徵，能排遣和挫敗一切痛苦與煩惱，給人生活的勇氣、信心與力量。醫學家認為，愉快的情緒能使心理處於怡然自得的狀態，有益於人體各種激素的正常分泌，有利於調節腦細胞的興奮和血液循環。馬克思也說：「一種美好的心情，比十副良藥更能解除生理上的疲憊和痛楚。」

樂觀的生活態度有利於促進人際關係和事業

以一種樂觀、豁達的生活態度參與活動，你會發現很容易與人和諧相處。樂觀者渾身充滿活力，容易與社會合拍，由於心情舒暢，在與人交往時就會對別人謙虛、尊重、理解，自然會得到別人的理解與尊敬，雙方情感的相悅就能形成和諧融洽的人際關係。

同樣地，強者受挫後不氣餒，以樂觀的態度對待暫時的失敗，這樣就會使他有一種自信的動機力量。這種力量把自己展現於外，參與人群和事業，從而得到成功。成功的愉快情感會使自己更樂觀地去繼續從事未完的事業或開闢新的天地，這樣的良性循環使人們的事業充滿生機，為人們的生活帶來無窮的樂趣和意義。成長中的人以樂觀的態度對待人，將形成較為全面發展的、聰穎、開朗和進取的個性。

樂觀能促進身體健康

樂觀者一生中收益最大的是他們的身體機能良好。人們常說「笑一笑，十年少。」沒錯，樂天派自然心寬體胖，樂天派會笑對生命中的坷坎與挫折。

他們不容易被疾病擊垮，他們抵禦心血管疾病、癌症和糖尿病等慢性病的能力遠勝過悲戚憂鬱者。一項新的研究證實了樂觀與健康的對應關係。研究發現，對自我前途和未來持冷淡態度是身體健康不良的前兆。有一位流行病學家斷言，長期有這種絕望意識的人，其死亡率高於心臟病、癌症和其他病因造成的平均死亡率。這說明樂觀態度對於健康的確大有裨益，悲觀絕望則嚴重影響身體健康。

那麼，怎樣才能保持樂觀的情緒呢？

保持樂觀情緒的主要祕訣有三：

一是善於幽默，善於找樂。

二是遇到失敗挫折絕不氣餒，有繼續努力、再創輝煌的信念。

三是為人和善，與人為友。

切忌自暴自棄

世上成大事者沒有一個是靠自暴自棄來實現自我的，相反地，他們都是不甘於自暴自棄，是不達目的誓不罷休的。

你可以選擇輕視你自己，覺得自己是人微言輕的無名之輩，也可以選擇誠實地對待自己，不斷以智慧來充實你的大腦；當你遭遇挫折的時候，你可以整天自尋煩惱，牢騷滿腹，對生活悲觀失望以致逃避，也可以心平氣和地對待一切，充滿信心地投入生活；你可以選擇罪惡，毀壞一切，也可以選擇善良，建設生活……有關這一切的選擇權都掌握在你的手裡。

一個黑人孩子，他在底特律的貧民區長大，過著缺乏愛撫和指導的童年，從中他飽嘗了孤獨、恐懼的滋味，貧賤、自卑使他泯滅了尊嚴和正義感，他跟別的壞孩子學會了逃學、破壞公物和吸毒。

剛滿十二歲的他就因搶劫一家商店被逮捕了；三年之後，因企圖撬開辦公室裡的保險箱再次被捕；後來，又因為參與打劫鄰近的一家酒吧，他作為成年犯第三次被送入監獄。

在監獄服刑時，熱佛爾經常與其他犯人打壘球。打壘球是這座監獄裡唯一的體育運動，犯人可以從中發洩不滿情緒和尋找快樂。一天，監獄裡一個年老的無期徒刑犯看見他們在打壘球，事後老人便對熱佛爾說：「你是有能力的，你有機會做你自己的事，不要自暴自棄！」年輕人反覆思索老囚犯的這席話，做出了決定。雖然他還在監獄裡，但他突然意識到他具有一個囚犯能擁有的最大自由，他能夠選擇出獄後幹什麼；他能夠選擇不再成為惡棍；他能夠選擇重新做人，當一名壘球手。

經過了五年的努力，這個年輕人終於成了職業隊隊員。

這個年輕人儘管曾陷於生活的最底層，儘管曾是被關進監獄的囚犯，然而，他認識到了自己有選擇的自由，這種自由是我們人人都有的。國際著名的精神病學家富蘭克，在第二次世界大戰時曾被關進德國集中營。他研究了自己的思想，還有意識地與別人交談。後來，他得出了結論：「只有一種東西是不可剝奪的：那就是人類的自由，在任何情況下選擇自己態度的自由，選擇自己獨特行為方式的自由。」

因此，我們要看到自己有選擇的權利。人們有時無法逃避選擇挫折，但人們有能力選擇從挫折中站起來。

面對未來，現在的你將如何選擇呢？尤其是被貧窮、疾病和失敗所困擾的人們，切不可被那些意外的打擊所摧毀而變得自暴自棄，而應坦白地接受既成的事實，學會重新選擇生活，重新燃起對生活的希望。

在監獄裡也沒有推託說自己無法選擇，而是說：「我能夠做出決定。」比較起來，你的挫折，你的失敗又算得了什麼呢？畫了八年的畫卻沒有成就就心灰意冷；也許你被認為先天不足而自怨自艾；也許你因為家境貧寒而失去信心；也許你因身上某種無法克服的缺陷被人瞧不起而自暴自棄……這種自己瞧不起自己的行為，比被別人打敗更容易消磨自己的意志。自暴自棄，有錯索性錯下去，只會使自己在消沉的泥淖中越陷越深。這時候，正確的做法是激勵自己重新振作起來，洗刷恥辱，喚回被傷害的自尊心，以行動重新塑造自己的形象。

永遠不要認為自己就是這個樣子了！每個人都有自己的長處和缺陷，你既然不適於在這方面進取，你可以靜下心去找一找，找到一個其他適合於你的方面。你完全不必自暴自棄，更不要理會別人的觀念。要學會在災難性的考驗進程中，自覺地選擇自己的道路，堅定地走下去。你的靈魂將因為沒有隨那段苦難的歷程一起墮落反而變得更加堅強。試一試吧！你不自暴自棄，就能成為人生命運的騎師，度過人生最黯淡的時刻。

在挫折面前保持理智

凡是成大事者，不能在挫折面前被嚇趴下，而是要用理智面對它，冷靜地找到戰勝它的辦法。沒有這種理智的精神，不是你打敗挫折，而是挫折打敗你。

我們在日常生活中，隨時都會遇到各式各樣的挫折，在挫折面前，人們也表現出不同的反應，心理承受能力差的人面對突如其來的挫折或是後退，或是消極抵抗。只有那些敢於挑戰困難，能夠審時度勢，採取積極進取的態度面對挫折的人，才會成大事。

既然挫折是難免的，那麼我們究竟該怎樣做，才是以「積極」的態度面對挫折呢？

要敢於正視挫折

一般而言，每個人遇到挫折的可能性不可避免，具體而言，什麼時候遇到挫折，遇到什麼挫折不可能選擇，因此，正視挫折是排除挫折的心理和思想前提。所謂正視，就是要以一種正確的態度去面對它，既不要簡單地怨天尤人，歸之命運，因為這實際上等於放棄爭取轉機的努力，屈從於困難；也不要消極地逃避，為其合理化尋找藉口，其結果對扭轉挫折是毫無意義的，或者只能說是自欺欺人。

要堅定目標，不輕言放棄

每個人都有自己的奮鬥目標，只要這個目標是現實的，那麼即使暫時遭遇了挫折，也應克服各種困難，找出排除障礙的辦法，毫不動搖地朝既定的目標邁進，最終實現自己的願望，達到預定的目標。

認準目標，勇往直前，是所有成功者的成功經驗。人生路上，難免有坎坷，難免遭遇荊棘，是知難而退，還是迎難而上？這不同的答案也就決定了強者和懦夫。

要冷靜地對產生挫折的原因進行客觀分析

為了戰勝挫折，要對造成挫折的原因進行實事求是的認識和分析，弄清挫折的原因到底是外部的，還是內部的，或是內外部兩種因素交織，共同起作用的。正確的分析和歸因，是戰勝挫折的必要基礎。把挫折和成敗結果一概歸因於外部因素的人，固然不能對行為作自我控制和自我調節，面對挫折會感到無能為力和束手無策，從而不能盡自己的最大努力去克服困難和改變失敗的處境；但是，把挫折和失敗結果通通歸結於個人的努力不足，過多地責備自己，也是不現實的，同樣不能對自己的行為結果負起合理的責任，有效地改善逆境處境。

對於慣常於遭受挫折，不加分析，不問青紅皂白，便按照自己已有的固定模式作片面歸因的人，尤其應當注意要作符合實情的、準確的歸因。只有以積極的態度去冷靜分析遭受挫折的主、客觀原因，及時找出失敗的癥結所在，才能從本人的實際條件出發，用切實的行動去促使挫折情境的改變。

要把心中的痛苦宣洩出來

最好找自己知心朋友傾訴胸中的鬱悶和苦惱，也可以奮筆疾書，藉助筆尖來宣洩煩惱，或是找僻靜的地方朗誦高唱，或關在房中痛哭一場，這對恢復心理平衡有很大的好處。

要學會淡化和遺忘

壓抑的情緒得到宣洩以後，往往次日就會覺得自己的情緒已不像當初那樣痛苦，這時最好去從事一個新的活動，使自己沒有閒暇和心思來回顧既往，把往事逐漸淡化，逐漸遺忘。

降低目標，改變行為

當一種動機經一再嘗試仍不能成功，達不到預定目標時，試著調整目標，變換方式，透過別的方法和途徑實現目標，或者把原來制定得太高而不切實際的目標往下調整，改變行為方向，則有可能成功，滿足某種需要。

例如有的高中生，多次報考大學未能如願，他見障礙難以跨越，就改為報考科大。「退而求其次」，來實現自己的目標。這種目標的重新審定與轉移，不是懼怕困難，而是實事求是的表現；同時，也降低和避免了由於目標不當難以達成而可能產生的挫折感和焦慮情緒。

生活中，有很多人寧可在一棵樹上吊死，也不肯退而求其次。雖然他們堅定目標，但卻「盲目追求」。

改換目標，取而代之

這是指個體確定的目標由於自身條件或社會因素等限制，無法實現並受到挫折時，可以改變目標，用另一目標來代替，以使需要得到滿足；或透過另一種活動來彌補心理的創傷，驅散由於失敗而造成的內心憂愁與痛苦，增強前進的信心和勇氣。

有些人對待問題脫離實際，就認準了「一條道兒走到底，不撞南牆心不死」，從不顧及客觀情況，只是單純地以不變應萬變，那也只能是自設拘囿，作繭自縛。而有一些人在突然的、意外的重大挫折面前，由於原定的追求目標已不可能實現，或是為了用其他行動來轉移、代替心理上的痛苦，就會轉而追求別的目標或是進行另外的活動，這也可以獲得新的成功，得到心理上的補償。

總之，在挫折面前要保持理智。挫折對人來說未必都是消極的，因為逆境只是給人造成了不利的環境條件，但條件是可以利用和改變的。客觀條件一旦被認識就可以作出行動規畫，利用有利條件，弱化或消除不利條件，創造有利條件。經過主觀努力，往往會改變事物變化之勢，而使逆境變為順境，逆境常常使強者做出在順境中不能做出的業績，而這一切必須以理智作為前提，才有可能實現。

面對失敗

有人害怕失敗，那是因為他們沒有意識到失敗也很有價值。

失敗是最寶貴的財富之一，它能為你提供獨特的學習機會。成功固然可喜，但只有在失敗中才能更清晰地反映出我們身上的弱點。

失敗也是磨練意志、培養堅強品行的寶貴時機，人所具有的惰性使人常常逃避風浪、遠離挫折，結果，在人生最重要的時刻，人往往因缺乏錘鍊而敗下陣來，而失敗則為你提供了鍛鍊意志的寶貴時機。

失敗交給你選擇權。一位評論家如此看待艾科卡和福特家族的恩恩怨怨，福特炒了艾科卡的魷魚，同時也造就了艾科卡，給了艾科卡發展自己的好運。否則的話，他會因在福特總經理寶座上坐得太久而「糜爛」。

確實，如果不是那次失敗，艾科卡頂多只是一位優秀的管理者，而不會成為「美國最出色的企業家」。

因此失敗不可怕，失敗之後不能將自己的經驗昇華，不能讓它在你生命中真正具有價值，這才是最可怕的。

面對失敗，你就有了成功的希望。

從失敗中吸取教訓，尋找機會，重新塑造自己，包括如下幾個階段：

找出失敗的原因，從中尋找成功的種子

找出自己失敗的原因是第一步，也是你應從失敗中學到的最基本的東西。失敗能為你帶來的最大轉機，是它賦予了你一個重新選擇、重新塑造自己的機會。

失敗是對事件的評判，從某種意義上來說，是你自己、社會和他人對結果的一種解釋。在你從失敗中汲取力量，重新駕馭自己的事業時，不僅要學會客觀地尋找失敗的原因，尤其重要的是，要用積極的眼光看待過去，從中尋找成功的種子。

重新認識事業目標

人生是個不斷探索的過程，失敗有時並不是由於你的能力不夠、學識不足，而是由於你錯誤地選擇了目標，而失敗正給予了你一個重新思考，從錯誤中解脫的良機。

許多職業專家認為，一個人一生中至少要經過二、三次轉職，最後才能找到適合自己專長的事業，而確定自己合理的目標，則需要同樣長的一段時間。生活往往借失敗之手，促使你進行這一次次的探索與調整。

擴大選擇範圍，掙脫羈絆

失敗會將你推到一個轉折關頭，你的任務是做出下一步的打算。如果仍然以過去的思維方式看待將來，完成這一任務將會無比困難。探索未知世界需要的是以創新的思想，即運用嶄新的思維方式去發現選擇的機會。

擴大你的選擇範圍，獲得進行新選擇的機會，可以採用以下幾種方式：

㈠循環利用你的才能

許多人將工作視為一個固定的、不可轉移的東西，就像一件搬不動的沉重家具。其實，你過去的工作是多項技能和多種經驗的總結，可以在其他地方進行組合，重新加以利用。

福斯公司的製片人里爾失業後，確信自己的事業從此結束了，因為他認為拍電影是自己唯一能做的事業。一天，里爾偶然碰到一位老同事，這位朋友認真地為他進行了分析：「你有很多本領，首先，你這麼多年來一直在向總部的傢伙們出售電影計劃，你是個了不起的業務員，而且，你總能為自己的電影寫出最佳廣告，在緊要關頭做好宣傳寫作，你有作家的能力，除此之外，作為優秀製片人，你有出色的組織能力。」里爾跟友人創辦了電影界知名的二十世紀電影公司最後還併了福斯影業公司。

㈡變娛樂為職業

大部分人都將工作視為嚴肅的事情，進行事業選擇時，往往忽視樂趣、嗜好、消遣。實際上，工作應該是一種創造性娛樂，如果你覺得自己在業餘愛好上富有創造性，那麼，失敗其實給了你這樣一個機會，試著將你的愛好與事業結合起來。

(三) 自己創業

一個人在生死關頭最能發揮自己的潛力，在事業失敗時，放棄所有顧慮，放手一搏，反而能成為偉大事業成就的契機。

當然，這些現象的形成有其複雜的社會原因，但它們說明一個道理：失敗讓人無所畏懼，會讓你更勇敢地捕捉機會。

學習新知識

失敗之後進行反思是對自己人生最透徹地分析，但光總結過去是不夠的。借此時機，學習自己從前未接觸過的知識，可以擴大視野，充實精神，幫助你清醒地認識自己所選擇的領域，並掌握適應時代變化潮流的新技能。

尋求幫助

許多從前一帆風順的人在遭遇失敗後，容易陷入心理錯誤，拒絕接受別人的同情和幫助，這種態度是不正確的。

在失敗面前敢於面對現實，坦然接受友好的幫助，並主動接觸他人，讓別人為你指引道路，帶你認識新的領域，是重新發展你事業的重要條件。

有效地應付壓力

在現實的社會生活中、工作中，你一定常常聽到有人抱怨：「壓力真大！」你也一定感覺到，生活中壓力幾乎無所不在，這是客觀的事實，而社會的節奏越快，給人的壓力就越大。

在現代社會，壓力像是一張巨網，不論你是誰，都讓你無所遁形。

依照心理學家的解釋，壓力是指人的肉體、情緒及心理處於一種緊張狀態。儘管適度的壓力可以使人亢奮，刺激神經反應，但過度的壓力通常會造成健康受損，對於個人能力和自信心形成反作用。

人總是要有壓力的。著手改變你的思維和習慣，能避免的壓力則避免，不能避免時用健康的方法應付壓力。別讓壓力像狙擊手一樣把你打倒，妨礙你爭取成功。

那麼該如何有效應付壓力呢？以下幾點策略能幫你成功地應對。

養成看問題的正確視角

能避免遇到壓力的人有個共同特點，就是他們不管在什麼情況下都能保持一種正確的視角。歐爾．威樂遜把「視角」稱為把當前或即將到來的事情放在一個更大的座標中思考的能力。

下面的這封信是視角的最好例子。這封信是一位女大學生寫給她母親的：

「我離開家到大學來已整整一個學期，我想現在應該把自己的最新情況跟您談一下。我剛到學院就厭倦宿舍的生活，又偷了室友一千美元。我用這些錢租了一輛本田摩托車，但騎出學院幾個街區就撞在電線桿上。我的腿撞斷了。一位住在拐彎處一棟公寓樓上的年輕醫科學生救了我。

「他把我帶到他的住處，幫我包紮受傷的腿，照顧我到傷好了為止。因為他的照顧，我現在又可以到處走動了。我想告訴你，我們準備儘快結婚。這很麻煩，但我們的確希望在我肚裡的嬰兒出生前就結婚，然後就回家跟您和爸爸住在一塊。

「我知道您會像愛我一樣愛這個嬰兒的，儘管他來自不同的種族與宗教。請您盡量理解這一點。我們要回家住的原因是，我的朋友因為在我懷孕期間要照顧我，所以想離開醫學院。

「其實，我並沒偷錢，沒有租本田車，沒撞電線桿，沒斷腿，沒有遇上年輕醫生，也不是要結婚，嬰兒也是假的。我不是要回家跟您和爸爸住，他也不會。

「可是，我的幾何課確實得了『D』，地質課拿了個『F』。我剛才那樣說，是希望你用正確的視角去看這兩門課的成績。」

視角是無可取代的。下次你因小小的困難就開始感到壓力時，請記住那個更大的座標。這樣，你就可以看出事情的真相，而並不是像你所擔心的情況那麼嚴重。

不要躲避風險

害怕風險仍然是壓力的主要成因，也是成功路上隨時會出現的障礙。查理斯・斯溫多爾說過關於風險的話：

絕對的保險是沒有的，也沒有一定不失敗的計劃，沒有絕對可靠的設計，沒有全無風險的安排。人生絕不可能那麼完美。

慌張逃跑會把臉撞傷，坐飛機有墜機的風險，步行有摔跤的風險，換句話說，只要活著就有風險。

笑的樣子像個傻瓜；哭的樣子可能會太多愁善感；向別人伸出手去，有過分親熱的風險；流露感情有暴露自己的風險；愛別人要冒別人不愛你的風險；抱希望有遇到失望的風險；要試驗就有失敗的風險。

你想知道通往一事無成的捷徑嗎？向壓力低頭，慌慌張張逃跑，不冒任何風險，把勇氣拋掉，換上謹小慎微，時時作最壞的打算……。

真的，擔心風險是通往一事無成的捷徑。因為人生就是風險，我們沒有必要學會遇到風險就逃跑，要樂觀地面對它。凡事作最壞的打算，你十拿九穩會得到最壞的結果；但凡事作最好的打算，你十之八九會如願。

在自己的強項上努力

那些在自己的強項上努力的人，即使犯了錯誤，也不大可能被壓力壓垮。橄欖球員羅素．斯道巴赫就是個最好的例子：

在他為達拉斯牛仔隊效力時，有人問他傳出一個球之後球被對方隊員截住時他會作何反應，他回答說：「我扔出一個球之後，迫不及待地再拿到那個球，迫不及待地再扔。」

「又被對方截住怎麼辦？」那人反問。

「那就更迫不及待地再扔。」斯道巴赫回答說。

因為斯道巴赫球技出色，他對逆境的反應不是被壓倒，而是有繼續打下去的強烈願望。在自己的強項上努力的人都會有這種反應。

從超負荷的道路上脫身

我們當中有許多人就像一個站在自己田地中央的農民。這個農民說：「我用不著出去幹活，我被工作包圍了。」我們把越來越多的任務包攬在自己身上，最後無法把這些事情辦好，於是，壓力就產生了。

有時我們要暫停承接任務，從超負荷中脫身。如果你是那種喜歡嘗試新事物和包攬一切的人，你要每過一段時間就停下來，提醒自己不可能既無所不做，又要把最重要的事情處理好。拋棄無足輕重的事情，做最重要的工作，可以大大減少你的工作壓力。而在做重要工作的時候，你也應該切記，不要用自己的健康為獲取成功的代價，任何成就都不足以彌補這種犧牲，或由此而來的壓力。

勇敢地面對疾病

健康的身體的確十分重要，沒有人希望自己生病。但天有不測風雲，也許正當一個人充滿信心地面對生活的時候，卻遭受了疾病的打擊。悲觀、失望乃至絕望隨之而來，我們沒有權利責備他面對疾病的表現，或許袁和的故事，會給他以啟發，給他以更多的勇氣。

袁和是一位來自中國上海的女孩，為了能出國深造，她一邊在街邊工廠裡靠糊紙盒賺錢，一邊學習英語。她憑著頑強的毅力，通過了托福考試，被麻薩諸塞州蒙特·荷里亞女子學院錄取。但是她剛到美國才兩個月，就被醫生診斷得了癌症，且癌細胞已經轉移。但是這位柔弱纖細的中國女孩沒有被死亡與不幸嚇倒，她說，我還想讀書，我要拿到碩士學位，這是我到這裡來的目的。

按照經驗，她只能再活半年，想要得到碩士學位，簡直是一種美麗的幻想。袁和是清楚這一點的，但是她對自己說：我一定要堅持，我一定會勝利。她彷彿忘記了自己是一個被現代醫學宣判了死刑的人，她拚命地讀書，把死亡當成自己生命的拐杖，倚著它，無所畏懼地前行。

有一次她暈倒在宿舍裡，在冰涼的地上，她整整昏死了近十個小時。儘管她也曾膽怯過、猶豫過，痛苦難耐時也想放棄追求，但她戰勝了自己，戰勝了人的懦弱和絕望中自殺的念頭。經過一年多時間的苦熬，與死神的抗爭，袁和終於穿著長長的黑色學士袍，一步步走上了學院禮堂的台階，接過了院長親手頒發的碩士學位證書。

教授們和那些來自不同國家的同學們，在台下為她鼓掌。人們從她身上看到了勇氣，看到了無畏，看到了人格的力量。袁和並沒有停止她生命的進程；她又決心以頑強的毅力去攻讀博士學位。但是，沒過多久，病魔便奪去了她年輕的生命。

面對無法救治的疾病，袁和卻不懼怕、不怯懦，在有限的時間裡，她更加珍惜一切，她讓這有限的生命變得極富意義，用心去體會生活的每一天。《哈佛學報》評論說：「袁和的一生是關於勇氣的一生，關於理想追求的一生……。」

疾病是令人痛恨的，但對於強者而言，疾病卻可以使自己對生命重新定位。例如袁和，她知道時日無多，為了理想必須努力。其實，生活中許多疾病並不總如癌症那樣可怕，許多疾病是完全可以治癒的，這需要患病者更加警覺人生的寶貴，更加珍惜生活的每一天。

總之，面對疾病，沒有人能夠幫助你面對，是絕望放棄，還是勇敢面對，全由自己決定，但毋庸置疑，後者更有意義。

在不幸中磨練

在生活中，我們每個人都會遇到各式各樣的不幸。一個五十五歲的人患了心臟病，不得不改變以往的生活習慣，失去了從前屬於他的選擇權力；中年喪偶，老年喪子，他們就失去了最寶貴的東西。然而，更為不幸的是，很少有人知道如何使自己度過這些不幸的歲月。

對於悲痛，很多人並不了解。一位學生說，他的叔叔因婚姻破裂，終日焦慮不安，傷心流淚。問他這件事是什麼時候發生的，他說在四個月之前。這個學生並不知道戰勝痛苦需要一定的時間。具體時間的長短，是由受損害的程度而定的。對於親人長期臥床不起或者夫妻關係漸漸惡化的人來說，由於已經持續了一定的時間，他們能預料到死亡或離婚的不幸遲早會發生，因而，當不幸發生後，只需要幾個星期或幾個月就會醫好心靈上的創傷。

如果親人突然死亡，不可預料的悲劇突然降臨，例如突然生重病須做大手術，或遇到車禍等等，那麼，悲痛的時間將會持續一年以上。如果對遭到不幸的親人抱著「恢復健康」的希望，當希望破滅的時候，往往會使他們更加悲痛。

需要了解的是，悲痛並不是一種精神病，但有時的感覺卻似乎是如此。失眠、憂慮、恐懼、憤怒，聚積在一起，使人感到快要「發瘋」了。其實，這些情緒都是悲痛過程中的正常表現。了解這一點，是很必要的。

一位喪妻不久的男人晚上下班回家，一打開門，會聞到妻子做菜的香味。儘管事實上並沒有人燒菜，這只是他的幻覺。如果你問這位男人，他會告訴你他妻子已經去世，不過他晚上還能聽到妻子在做宵夜的聲音，像她活著的時候一樣，他痛苦得難以自制，對失去的愛妻日思夜想。因此，常出現類似的幻覺。

在悲痛的最初階段，人們常常平靜一陣，悲痛一陣。人們由於不相信所發生的事情，而感到茫然、悲痛、憂鬱，漸漸控制了他的情緒，而在幾個月內都難以擺脫，身邊的每一件事都會使他觸景生情，回憶起痛苦的往事，喪偶的人會注意到每一對如膠似漆的夫妻，幸福的人彷彿到處都有；如果有人破產了，他就會注意到每一個成功者，彷彿只有自己如此不幸。

悲痛的人往往擺脫不了自己的感受，他們常常避開一些熟人和地方，獨自苦思冥想，讓時光慢慢地磨去心靈的創傷。

一個人如果能把自己的悲痛宣洩出來，痛苦的過程就會縮短。但是，對於痛苦的歷程，每個人都必須以自己的方式去度過。

對大多數人來說，和自己的知己朋友交談是宣洩悲痛的有效方法。也許，你不願向朋友講述自己的不幸，但從親友的關懷和友誼中，你會汲取力量，戰勝傷痛。應該認識到，把痛苦悶在心裡，只會加劇自己的創傷。做一些你喜愛做的工作，會減輕你精神上的重壓。讓自己行動起來，最初可能會有困難，但做起來就會發現工作有巨大的治療價值。因為在工作中你會意識到自己的義務，就會發現自己的力量，進而增強信心和勇氣。

如果你留在家裡，就為自己列個時間表，緊張而有節奏地生活。雖然一開始還只能洗洗衣服，買點東西，外出散步，但這些對你的身心健康也大有益處。甚至打打撲克牌，下下棋，看看電影，聽聽音樂，都能帶來精神安慰的作用。為別人做一些力所能及的事，可以幫助你建立自尊心，緩解思想上的憂鬱。睡覺之前洗個熱水澡，即使一個人吃飯也把餐桌布置得漂漂亮亮，或者買一束鮮花插在花瓶裡，這些小事也會使心情愉快起來。

在生活中堅定信念，也會產生巨大的力量。奧托．弗蘭克在第二次世界大戰期間，被關在納粹集中營裡。他的全家都在大屠殺中被害了，而他卻以頑強的毅力艱難地活了下來。在那非人的條件下，他堅信光明一定能戰勝黑暗，這個理想給了他無窮的力量。他想像戰後為學生們講述痛苦也是一種磨練，就決定忍受難以忍受的一切。他引用尼采的話自豪地說：「那些沒有毀滅我的東西，使我變得更堅強。」

把失業變成機會

失業是不幸的。但是，在我們的一生中，往往會經歷失業的痛苦。有時是從一個工作跳出後在尋找下一個職業的過程中，有時是畢業後，或是由於生活中的某些原因而失業。

如果你面臨失業的境地，那麼你該怎麼辦？積極的態度是把失業視為一種人生的機會，變不利為有利。

保持積極態度

首先，保持積極態度，別讓自己閒下來。從事零星工作有助於你打發時間，取得收入，還能使你有機會結識一些新人。零星工作或臨時性工作還能使你有時間去尋求新的工作——聯繫、寫信、面談以及打電話。告訴對方你在尋找理想職業的同時，正臨時從事零星工作，這表明你的自信和進取。如果這正好與你的最終職業目標屬於同一領域，則效果會更佳。

失業的時候，要準備利用任何一條有可能使你獲得工作的途徑。信件、電話和個人之間的接觸，都能成為你尋求職業活動的重要組成部分。

一般來說，尋求職業的人在取得進展之前，需要和潛在的雇主進行聯繫，為自己確立在四個月之內和幾個人進行聯繫的目標，較之在兩個星期內必須獲得工作的想法更能有效地緩和焦急不安的心情。應保持積極活躍，而不只是被動地依賴報紙和職業介紹所。走出家門去尋找職業，切忌在家裡守株待兔。

對自己充滿信心

當我們發現自己的生命能力極度降低的時候，當我們強烈地感到自己難以適應今日的市場競爭時，當我們意識到自己變得非常虛弱時，請記住不要說：「我不行」。

只要你肯用心去找，你願意做一次死而復生的衝破心理極限的體驗，願意去學習新的技術，最終，你會發現自己的生命能力恢復了，提升了，你會自信地說：「我行」。

一位計程車司機說：「我也曾是一個失業者。不過，我是主動要離職的。因為工作實在沒辦法，工廠已經兩年多發不出薪水了。工人們聚在一起就是閒聊，每個月就發二千多元生活費。我老婆常年休病假，孩子上學花費又高，真是吃了上頓沒下頓，這麼下去可不行。我狠了狠心，把工作辭了，學會開車，開始在一家計程車公司當計程車司機。累是真累，一天下來，有時連口水都喝不上，晚上回家，全身就跟散了架一樣。但真的賺到錢了，家裡的日子也比以前好多了。」

對積極發揮自己潛力的人來說，失業是一次實實在在改變自己命運的機會，只要勇於提升自己、開發自己，終究會變不利為有利，迎來生命中的輝煌。

電子書購買

國家圖書館出版品預行編目資料

下一站，成功：靠山山倒，靠人人倒，靠自己最好 / 燁子，憶雲編著 . -- 第一版 . -- 臺北市：崧燁文化事業有限公司，2022.03
面；　公分
POD 版
ISBN 978-626-332-056-7(平裝)
1.CST: 成功法
177.2　　111001317

下一站，成功：靠山山倒，靠人人倒，靠自己最好

臉書

編　　著：燁子，憶雲
發 行 人：黃振庭
出 版 者：崧燁文化事業有限公司
發 行 者：崧燁文化事業有限公司
E-mail：sonbookservice@gmail.com
粉 絲 頁：https://www.facebook.com/sonbookss/
網　　址：https://sonbook.net/
地　　址：台北市中正區重慶南路一段六十一號八樓 815 室
Rm. 815, 8F., No.61, Sec. 1, Chongqing S. Rd., Zhongzheng Dist., Taipei City 100, Taiwan
電　　話：(02) 2370-3310　　**傳　　真**：(02) 2388-1990
印　　刷：京峯彩色印刷有限公司（京峰數位）
律師顧問：廣華律師事務所 張珮琦律師

定　　價：320 元
發行日期：2022 年 03 月第一版
◎本書以 POD 印製